주거와 투자 그 혁신의 전장

한국인의 집

한국인의 집

주거와 투자, 그 혁신의 정장

초판 1쇄 인쇄일 2023년 5월 8일
초판 1쇄 발행일 2023년 5월 17일

지은이 박비호 여지희 우광식 조윤정
펴낸이 양옥매
디자인 송다희 표지혜
교   정 조준경

펴낸곳 도서출판 책과나무
출판등록 제2012-000376
주소 서울특별시 마포구 방울내로 79 이노빌딩 302호
대표전화 02.372.1537   팩스 02.372.1538
이메일 booknamu2007@naver.com
홈페이지 www.booknamu.com
ISBN 979-11-6752-315-0 (03320)

주거와 투자 그 혁신의 전장

한국인의 집

박비호 여지희 우광식 조윤정 · 지음

책과나무

들어가며

　이 책을 엮은 4명의 저자는 '통합가치' 철학의 대중화를 위해 함께 토론하고 연구해 왔던 도반들입니다. 각기 다양한 분야에서 일하고 있지만 생각의 공통점이 있다면 역시 통합적 가치가 인류의 삶을 바꿀 것으로 믿는다는 것입니다. 힘으로 맞서기보다 공통점과 차이를 드러내기 위한 토론이 선행되어야 한다고 믿고, 많은 것을 가진 자는 덜 가진 자들을 위해 내놓아야 하며, 배격보다는 통합이 사회 구성원을 진정으로 진보하게 한다는 믿음 말입니다.

　누군가는 하나의 주제를 깊게 파고들어 인류의 인식을 전환시키는 역작을 내놓지만, 반대로 하나의 가치를 공유하는 이들이 다양한 분야에서 자신이 얻은 지식과 정보를 엮어서 세상에 내놓기도 합니다. 이 책이 바로 그렇습니다.

　저자 4명의 공통점을 굳이 드러내자면 바로 '집'입니다. 우린 평소 호기심 어린 눈빛으로 서로의 정보를 탐닉하곤 했습니다. 우연한 기회에 우리가 나누었던 집에 대한 이야기를 다방면으로 풀어서 대중에게 소개하자는 데에 뜻을 같이했습니다. 집을 둘러싼 경영과 투자, 건축 이야기가 이 책의 큰 줄기입니다.

투자와 재테크의 수단으로 집을 바라보는 독자가 있을 것이고, 집을 평생 동안 보낼 삶의 터전으로 인식하는 독자도 있을 것입니다. 그리고 인류 주거 역사에 특이점이 왔다고 기록될 만한 콘크리트 건축물의 음영과 4차 산업혁명시대 집의 미래를 흥미롭게 지켜보는 이들도 있겠지요. 이 책은 그런 책입니다. 현업에서 건져 올린 '집'에 대한 다양한 관점과 실속 있는 정보를 독자들에게 건네기 위해 몇 개월간 힘을 모았습니다.

이 과정에서 경제에 관한 거시적 안목도 소개하는 것이 좋겠다고 판단했습니다. 세상사 작은 일 하나도 큰 것에 연루되지 않은 존재가 없다고 합니다. 서울의 부동산 가격이 미국 연방준비위원회의 기준 금리 인상으로 내려앉고, 세계화를 구축했던 미국이 손수 세계화를 해체하고 있는 이 순간 세계 경제의 장기 침체는 한국의 자산시장에도 큰 영향을 미칩니다.

한국 경제가 IMF 구제금융 이후 가장 위험한 상태에 놓여 있다고들 합니다. 한 나라가 거대한 경제적 위기에 봉착했을 때 이를 풀어 가는 방법을 탐구하는 것은 한국의 경제인들에게도 좋은 영감을 줄 수 있습니다. 책의 1장에서 다룬 글로벌 경제 위기와 미래가 바로 이 내용입니다.

2장에서 다룬 부동산 재테크에는 저자가 수십 년간 현장에서 일하며 얻은 소중한 노하우가 담겨 있습니다. 이후 인류의 주거 역사의 변천과 현재의 주거 형태에 대한 이야기를 다루었습니다. 콘크리트의 유해성과 친환경 주거단지, 스마트 홈에 대한 이야기에선 현재 한국의 주택이 어디까지 와 있는지를 확인할 수 있습니다.

책을 낸다는 건 분명 어려운 일입니다. 평소 늘 입에 담고 다니던 이야기도 막상 풀어놓으려니 정처 없이 맴돌기만 했던 시간이 많았습니다. 4명의 벗이 힘을 모으지 않았다면 가능하지 않았을 일입니다. 평소 우리들이 나누었던 즐거운 담소와 같이 이 책의 전개도 그렇게 봐주신다면 좋겠습니다.

2023년 5월
공저자 일동

차례

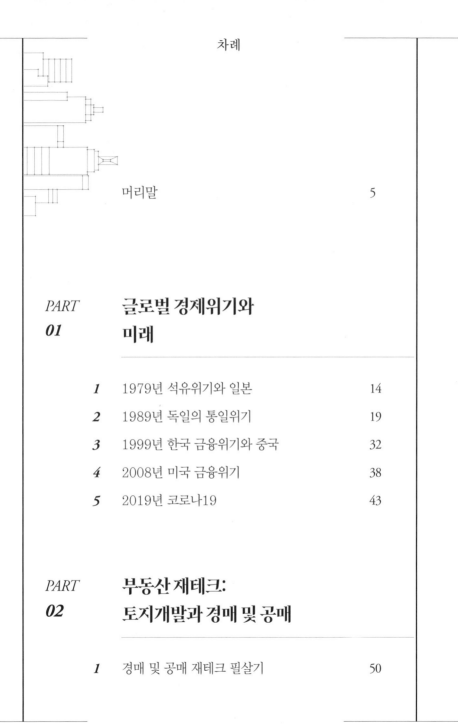

글로벌 경제위기와
미래

미래 패권을 놓고 벌이는 미 · 중 갈등으로 팬데믹 이후 세계는 빠르게 탈세계화로 향하고 있다. 이로 인해 세계는 투자와 교역 모두 축소되는 장기 침체 국면으로 들어서고 있다. 전체 통상 액수에서 중국과의 교역량이 25%에 달하는 한국에겐 심각한 위기다. 세계의 경제사에서 특별한 위기에서 새로운 활로를 찾았던 나라들의 경험을 통해 미래의 변화를 가늠하고자 한다.

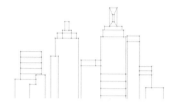

1. 1979년 석유위기와 일본

석유는 2차 세계대전 이후 가장 중요한 에너지가 되었다. 희소성과 지역 편중으로 글로벌 석유자본과 석유수출국기구(OPEC)가 생산자 카르텔을 형성해 왔다. 이는 2번의 중동전쟁 이후의 인위적인 유가 급등의 원인이 되었다.

1973년 가을, 중동전쟁으로 OPEC은 이스라엘을 지원했던 미국과 미국의 동맹국에 대해 석유를 금수 조치하는 한편, 석유 생산량의 감축을 통해 석유 가격을 크게 인상했다. 이후 석유 가격은 꾸준히 상승하여 1974년 봄에는 1972년 가을의 석유 가격보다 약 5배가 인상(배럴당 2.5달러에서 11.7달러)되었는데, 이는 제2차 세계대전 이후 세계 경제사상 최악의 불황을 야기한 제1차 오일쇼크를 몰고 왔다.

제2차 석유파동은 1970년대 말의 불황기 속에서 공급과잉을 유지하던 석유 가격이 1978년의 이란혁명을 계기로 다시 급등하며 발생했다. 이란혁명은 기폭제였을 뿐 기본적으로는 OPEC의 산유정책 변화로 석유 생산량이 크게 늘지 않은 데다 소비국들의 석유대체 탄력성이 매우 낮은 데 그 근본적인 원인이 있었다고 할 수 있다.

1978년 12월부터 1980년 7월 사이에 석유 가격은 약 2~4배 급등(배럴당 12.9달러에서 31.5달러로)했고, 이는 세계 경제에 다시 커다란 혼란을 야기했다. 유가 상승은 생산비용의 상승으로 이어져 인플레이션이 가속화되었고, 이와 더불어 교역 조건이 악화되면서 경기 침체가 동시적으로 진행되는 스태그플레이션이 나타나기 시작한 것이다.

이에 따라 세계 각국의 성장률은 둔화되었으며 무역수지는 악화되었고, 국제금융과 통화 질서는 교란되었다. 수출산업 중심으로 성장해 오던 한국 경제도 큰 타격을 입게 되었는데 오일쇼크 기간 동안 물가의 급등, 수출 신장의 둔화, 무역수지 악화, 경기의 후퇴 및 실업 증대 등의 현상이 나타났다.

1980년대 국내 화학산업에는 또다시 시련이 닥쳐온다. 1980년 1월 여수석유화학단지가 준공되었지만, 2차 오일쇼크가 전 세계를 덮치며 경제 불황을 맞는다. 1970년대 후반 연 10%를 전후하는 고도성장을 거듭하던 우리 경제 역시 1980년 -1.5%의 경제성장률을 기록할 만큼 불황에 빠지고, 국내 화학기업들은 최소가동률도 확보하지 못해 생산 조절을 위한 가동 중단에 들어가야만 했다.

사회적으로는 중화학 공업 분야의 중복 과잉 투자라는 비판이 강하게 대두되었다. 이러한 와중에 이란, 사우디아라비아 등 중동 산유국과 대규모 석유화학 공장 건설 계획이 발표되면서 국내 화학 기업들은 존폐 위기에 내몰린다.

하지만 1980년대 후반에 들어서며 일본의 무역수지 흑자와 일본 기업의 대규모 투자로 화학 업계는 전환점을 맞게 된다. 유가가 하향 안정세를 보이며 산유국과 원가경쟁력 차이가 축소되었고, 1986년 체르노빌원전 폭발사고로 발전용 천연가스 원료 사용이 늘어나면서 가스 원료 베이스의 중동 화학 공장의 가동률이 하락했다.

내부적으로도 서울올림픽 특수와 내수가 폭증하며 다시금 10%에 육박하는 고도 성장기를 맞이한다. 1980년대 후반 우리나라 화학 산업의 호황은 일본의 미즈비시화학 및 스미토모 등의 일본 기업의 참여로 이어졌다.

1·2차 오일쇼크는 일본이 산업구조를 혁신하는 가장 중요한 기점이 되었다. 일본은 에너지 위기를 통해 철강·조선과 같이 에너지를 많이 필요로 하는 제조업 중심의 산업구조를 바꾸고자 했다. 이를 버리고 반도체·전자·금융·신소재 산업으로의 산업 구조조정을 단행했다.

그렇다고 이를 단순하게 받아들여 일본이 전기를 적게 먹는 산업으로 전환했다는 말은 아니다. 자동차와 반도체는 오늘날에도 물과 전기를 잡아먹는 하마로 불릴 만큼 많은 전력을 필요로 한다. 하지만 투입 자본 대비 부가가치가 높은 제품, 즉 경쟁 기업 대비 높은 생산성을 얻을 수 있다면 이는 세계 시장에서 승리할 수 있는 경쟁력이 된다.

도시바, 히타치, 소니, NEC, 파나소닉, 후지쓰, 미쓰비시전기, 샤프전자, 산요전기는 1980년대에 글로벌 기업 순위 20위 내에 머물렀다. 반도체 전자 산업은 미국이 원조이고, 지적 재산권 역시 미국 정부 소유였지만 기술에 대한 일본 기업의 집념은 이런 격차를 뛰어넘었다.

당시 일본 경제는 하나의 병영과 같이 움직였다. 1949년 출범했던 통산산업성의 '산업구조위원회'에는 정부와 기업 민간연구소가 참여했는데, 정부는 동일한 기술에 대한 중복 투자와 국내 기업들의 경쟁을 막는 대신 거금을 투자해 얻어 낸 기술 혁신 자료를 대기업에게 아낌없이 제공했다.

1976년~1979년 사이 일본 통상산업성은 하나의 칩 안에 수십만 개의 트랜지스터를 집적하는 기술인 VLSI 기술개발에만 2억 달러 이상을 5개 반도체 선두기업에게 투자하기도 했다. 이와 같은 일본 정부와 기업의 에너지 효율성에 대한 광적인(!) 집착이 기술혁신을 낳았다.

일본 산업성은 에너지 효율이 높은 가전제품 설치를 의무화하고, 에너지 관련 혁신 기술을 창조하는 기업에겐 과감한 연구개발 RND 비용을 투자했다. 일본 정부 역시 발 빠르게 움직였다. 국가 에너지 믹스 정책을 통해 인본 전력의 30% 이상을 원자력에서 충당하는 한편, 태양 광 · 풍력 · 지열 발전과 같은 재생 가능 에너지원에 국가 역량을 집 중했다.

자동차 산업에 있어서 일본의 접근법은 더 혁신적이었다. 만드는 데 에너지를 적게 들이고, 적은 기름으로 멀리 가야 한다는 것이 혁신의 출발점이었다. 자동차는 "가볍고 오래가며 값싸고 연비가 좋아야 한 다."는 철학은 여기서 탄생했다. 일본의 자동차 생산 시스템과 연비 개 선은 소위 '포드 시스템'으로 불렸던 미국식 전기 자동화 생산 시스템의 생산성을 가볍게 뛰어넘었다.

도요타는 재고와 불량을 줄이고 기계 공정을 혁신한 '적시 생산시스 템(just in time)'을 도입했다. 부품의 재고가 남지 않도록 공정을 관리했 고, 숙련공을 중심으로 한 명이 여러 부품을 조립할 수 있도록 노동자 들의 동선을 최소화했다. 포드의 컨베이어 시스템이 여전히 많은 전기 를 필요로 하는 고정밀 자동화 기계였던 것과는 상반되는 조치였다.

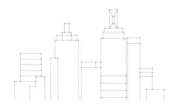

2. 1989년 독일의 통일위기

1985년 3월 11일, 고르바초프가 새로운 소련공산당 서기장으로 취임했다. 체르넨코 전 서기장의 장례식인 3월 14일에는 서독의 콜 수상이 고르바초프 서기장과 최초로 회담할 기회가 있었고, 서독의 겐셔 외상은 1986년 7월 소련을 방문했다. 방문 후 겐셔 외상은 고르바초프 서기장을 '새로운 유형의 소련 지도자'라고 평가했다.

독소 관계는 그 후에도 바이제카 서독 대통령의 소련 방문 등으로 이어졌는데, 실질적 회담은 1988년 10월 24일 콜 수상의 소련 방문으로 성사되었다. 이 방문에서 서독은 외상을 비롯한 환경상, 국방상, 농림상 등이 동행하여 두 나라 사이에 다방면에 걸친 실무적 협력 방향을 논의하고 긴밀한 관계를 다져 나가기로 한다.

1989년 6월 12일에는 고르바초프가 서독을 방문했다. 고르바초프 서기장이 서독과의 관계 강화를 중시한 배경에는 경제 문제가 있었다. 고르바초프가 취임한 지 4년이 되어 가고 있었으나 국내 경제 상황은 엉망이었고 국민의 불만은 높아져 가고 있었다. 국내 개혁을 위해서도 소련의 국채 상당수를 갖고 있던 서독과의 협력이 대단히 중요했다.

고르바초프는 서독 방문 중 투자보호협정을 체결하는 등 양국 사이에 경제 시스템을 개선하는 데 전력을 기울였다. 그 밖에도 두 수뇌는 대미 관계, 동유럽 정세, 군비 관리, 군축 문제 등의 국제 문제와 양국 사이의 여러 문제에 관해 상세한 의견을 교환했다.

이 회담을 통해 양 수뇌는 깊은 신뢰 관계를 구축했다. 6월 13일 밤, 콜 수상 부처는 고르바초프 서기장 부처와 라인 강변의 수상 방갈로에서 만찬을 들었다. 만찬이 끝난 밤에 양 수뇌는 유람선에 올라 라인강을 따라 로렐라이 언덕을 조망하며 양국 관계와 삶에 대한 감상적인 대화를 나누었다.

균열은 작은 곳에서 시작되었다

동독에서는 1971년 이래 사회주의통일당(공산당, SED)의 서기장인 호넥커가 권력을 장악하고 있었다. 동독 경제는 동유럽 국가 중에서는 상대적으로 양호한 편이었으나 서독에 비하면 가난했다. 분단국이었기 때문에 동독 국민이나 정부 모두 서독을 의식할 수밖에 없었다.

동독 정부는 교류를 금지하고 정보를 차단하려 했으며 서독의 실태를 비판 · 비하하는 선전이 되풀이되었다. 하지만 대부분 지역에서 서독의 TV 수신이 가능했으며, 서독의 동방정책을 통한 교류와 CSCE(유럽안전보장협력회의)의 영향으로 정부의 프로파간다는 점차 힘을 잃었고, 그렇다고 서방측 정보가 동독에 도달하는 것을 저지하기란 물리적으로도 불가능했다.

이러한 상황에서 헝가리와 폴란드의 민주화운동은 중앙 유럽의 다른 나라에도 큰 영향을 끼쳤다. 헝가리는 1989년 봄부터 여름에 걸쳐 동독 국민이 서독으로 이주하는 주요 루트였다. 이로 인해 사회주의통일당(공산당, SED)의 서기장인 호넥커가 권력을 장악하고 있었던 동독 정권은 더욱 동요했다.

1988년 5월 헝가리 공산당의 전국협의회에서 카다르가 퇴진한 후 개혁파 네메드의 지도체제가 확립되었다. 1989년 그는 '난민조약'에 가맹 신청을 하게 되었는데, 난민의 지위에 관한 이 조약은 1951년 UN이 주최한 회의에서 채택된 것으로 난민의 인권 보호와 난민 문제를 해결하기 위한 것이었다. 인권 옹호의 관점에서 난민을 박해하는 나라에 난민을 송환하면 안 된다는 규정이 포함되어 있었다.

네메드가 난민조약 가입을 제안한 것은 직접적으로는 루마니아의 헝가리계 주민의 유입에 대처하기 위해서였다. 동쪽 이웃 루마니아에서는 차우셰스쿠의 독재체제하에 경제위기가 심각했고, 서부 트란실바니아 지방의 헝가리계 주민이 국경을 넘어 헝가리로 도망하는 움직임이 강화되어 헝가리 정부의 재정 부담이 증대했기 때문이다.

1989년 5월 헝가리가 오스트리아 쪽 국경 개방을 단행하자 엄청난 출국 사태가 빚어졌다. 동독인들은 부다페스트의 서독대사관과 동베를린의 서독 연락사무소에 몰려와 서독으로 망명을 요청했다. 9월 11일에는 반체제 인사들이 노이에스 포룸(Neues Forum)[1]을 조직했다. 그들은 민주적 직접투표를 요구하며 30만 명이 참여한 라이프치히(1989. 10. 4.) 시위를 비롯해 동독의 각 도시에서 대규모 반정부 시위를 주동했다.

마침내 10월 18일, 에리히 호네커가 축출되고 에곤 크렌츠가 제1서기직을 승계했다. 민중의 힘은 11월 9일 베를린 장벽을 무너뜨렸고, 이와 동시에 사회주의통일당의 지배체제도 무너졌다. 이 공백기의 정치 질서는 다양한 정파가 마주 앉은 이른바 '원탁회의'에 의해 유지되었다.

1990년 3월 10일 실시된 동독 최초의 자유선거는 조기 통일을 주장하는 기독교민주당의 압승으로 돌아갔다. 곧이어 독일연방공화국 기본법 23조에 의거, 동독이 독일연방공화국에 흡수 통합되는 기본 절차가 갖

---

1   동독의 민주화 운동 절정기에 공산당을 몰락시키는 데 결정적인 역할을 한, 1989년에 결성된 반체제 모임. 1990년 3월 8일 동독 최초로 자유 민주 선거가 실시되는 데 정치적 압력을 행사했고, 통일 이후 다른 민주 세력들과 함께 '동맹 90'의 결성에 참여했다.

추어졌고, 4월 23일에는 동독에 비공산 연립내각이 수립되어 개헌의 조건을 갖추었다. 5월 18일 본에서 국가조약이 조인되고 양 독일의 경제·사회 통합이 결정되었다. 같은 해 7월 소련의 고르바초프 대통령은 독일의 NATO 가입을 승인했고 이로써 독일 통일을 가로막는 국제적 장애는 사라지게 되었다.

1990년 9월 12일 모스크바에서 열린 2+4 외무장관 회의에서 최종규정 조약이 조인된 데 이어 마침내 10월 3일 분단 41년 만에 하나의 독일이 탄생했다. 같은 해 12월 2일 실시된 최초의 통일 독일 선거에서 기독교민주연합과 기독교사회연합이 43.8%의 득표로 최대강자로 부상했다. 11%의 표를 얻어 연정 구성 협상에서 실력을 행사하게 된 자유민주당의 약진으로 인해 콜 총리의 공식 재선은 다음 해로 연기되었다.

장밋빛 환상이 깨지는 데에는 많은 시간이 필요하지 않았다

통일 이후 독일에게 가장 시급한 문제는 국가 재정 문제였다. 동독을 1989년 서독 수준으로 끌어올리기 위해서는 서독 지역이 자본집약도를 그대로 유지한다고 하여도 거의 1조 마르크가 필요하여 매년 500억 마르크를 20년간, 또는 매년 1,000억 마르크를 10년간 동독 지역에 투자하여야 했다.

당장에 동독의 열악한 인프라에 대한 막대한 자금이 요구되었고 임금과 사회복지 재원도 발등에 떨어진 불이었다. 통일 이전 비록 낮은 수준의 임금이었지만 100% 고용을 유지하고 있던 동독 주민에 대한 고용과 실업수당, 실업인구에 대한 취업교육 지원, 은퇴자들에 대한 연금과 의료, 공공재에 대한 지원금이 필요했다. 이는 독일 정부가 국채를 발행하는 양적 완화 방식으로는 감당할 수 없는 규모였다.

독일 정부는 유럽 각국에 돈을 빌려야 했고, 세금도 올릴 수밖에 없었다. 콜 총리는 선거 전에 세금 인상이 없을 것이라고 공약했으나 통일 직후 첫해에 서독 지역 주민들은 동독 지역을 부흥시키는 데 소요되는 비용을 마련하기 위해 더 많은 세금을 내야 했다.

투자 비용 대비 낮은 구동독 지역 기업의 생산성도 골칫거리였다. 동독 제조업의 자동화 비중은 무척 낮았고 서독 대비 동독 기술자의 숙련도도 문제가 되었다. 결국 국채 발행과 채무로 풀린 돈은 독일에 인플레이션을 불러왔다. 1993년 인플레이션 수치는 거의 4%에 달했다. 높은 인플레이션은 소비자 신뢰 하락과 경제 성장 둔화로 이어졌다.

이 시기 독일은 높은 실업률과 높은 인플레이션, 과도한 국가부채, '라인강의 기적'을 무위로 만들 수준의 극심한 정체라는 3중고를 앓아야 했다. 특히 통일 당시 시장 환율이 4:1인 상황에서 1:1 교환비율로 표기하는 통화통합은 동독 기업 제품의 가격경쟁력을 완전히 상실시켰고, 동독 지역의 실물경제의 와해로 이어졌다. 독일의 화폐통합 과정이 독일 경제를 휘청이게 한 주범이었다는 지적도 많다.

동독 주민들은 도이치마르크와 동독마르크의 1:1 교환을 요구했는데 그 중심에는 월급과 저축이 있었다. 초기에는 동독의 경제개혁을 선적으로 단행하고 화폐통합을 실시하자는 단계적 통합론이 대세였으나, 연방은행의 반대와 재무부의 우려에도 불구하고 수상은 1990년 2월 7일 즉각적인 화폐통합을 결정했다. 콜 수상은 1:1 교환을 주장했으나, 연방은행은 초기 단계에서 1:1 교환은 인플레이션 · 부채 · 총임금 부담의 문제 때문에 불가능하다는 입장을 견지했고 재무부 역시 1:1 교환에 대해 회의적이었다.

결국 예금의 일정 금액에 대해서 1:1 교환을 하고 이외의 경우는 1:3으로 교환하기로 했다. 다만 월급 등에 대해서는 1:1 교환을 인정했다. 1:1 교환이 인정되는 것에는 임금 외에도 연금 · 보조금 · 집세 · 임대료와 그 밖의 정기적 지급이 포함됐다. 생산성이 보장되지 않은 조건에서 동독 근로자에 대한 급격한 임금 인상은 실업으로 이어졌고, 이는 정부의 실업수당 등의 지원과 함께 대규모 재정적자를 유발하는 커다란 실책으로 이어졌다.

극심한 실업과 막대한 국가 채무라는 악순환은 이렇게 잉태되었다. 이렇듯 정부가 의도했던 것과는 정반대의 결과가 잇따라 나타났지만, 그 해법에 대해선 경제학자들도 고개를 절레절레 흔들었다. 통일은 실현했지만, 독 · 서독 주민 간의 소득 격차와 동독 주민의 높은 실업률로 인해 사회통합은 이후 독일사회의 주요 과제가 되었다. 특히 구동독 지역에서의 주민 이탈은 새로운 문제를 가져왔다.

숙련도가 높은 고급 인력들은 초기 통일 과도기에 급격히 동독 지역을 빠져나갔고, 동독 지역의 기업들이 신규 채용을 하지 못하자, 실업수당을 받는 인구는 늘고 즉시 취업이 가능한 고숙련 노동자는 서독 지역으로 유출되었다.

실업수당은 지역 경제나 구동독 기업에게 도움이 되지도 않았다. 실업수당을 받은 동독주민들은 구동독 기업의 상품을 구매하지 않았다. 그들은 수당을 받는 족족 서독 기업이 만든 생필품과 전자제품 등을 샀다. 결과적으로 노령인구가 노동인구보다 더 많아지자, 자립적인 지역경제 구축은 더욱 어려워졌다.

출생률 저하와 인구 감소, 고급 노동인력 유출로 인한 문제는 지역경제 자체를 휘청거리게 했다. 동독 지역의 실업률이 서독의 2배 가까이 치솟고, 기업의 파산이 이어지자 동독 노동자들은 서독 지역으로의 이주를 포기한다. 서독에서 일자리를 얻을 기회는 충분히 있었지만, 거주 지역에서 실업수당을 받는 것이 더 낫다고 판단한 노동자들이 급격히 늘었다.

조세 및 사회보장비 부담률은 GDP 대비 40.7%로 미국(28.9%), 영국(37.7%)보다 현저히 높은 수준이었으며, 창업인가 소요 기간이 90일로 미국(7일), 영국(11일)보다 훨씬 길었다. 주민들은 통일 이후 통합을 위한 비용으로 연간 800~900억 유로를 여전히 지출하는 가운데 소득세의 5.5~7.5%인 통일연대세를 1990년 이후 계속 지출해야 했다.

동독 주민의 서독 순이주 비율

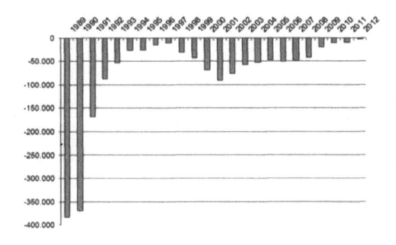

통일 이전만 하더라도 서독은 만약 동독과의 통일이 실현되었을 때 완만하게 정체되고 있던 서독의 경제성장률을 급격히 끌어올릴 것으로 기대했다. 하지만 이런 기대와 달리 1996~2005년간 독일의 1인당 연간 실질 GDP 성장률은 1950년대 이후 어느 시기보다 낮은 1.1%를 기록하였다.

1995~2010년 독일의 경제성장률 (단위: %)

92~96년	97~2001	2002	2003	2004	2005	2006	2007	2008	2009	2010
2.1	0.9	0.0	−0.2	1.2	0.9	2.7	3.4	1.0	−4.7	3.7

* 자료: Economic Forecast, European Commission(2011). OECD Economic Outlook(2011).

생산성 향상과 무역수지 개선을 위한 총체적인 구조조정

2003년 경제 침체를 해결하기 위해 독일 정부는 '어젠다 2010'을 발표하고 2005년부터 시행했다. 슈뢰더 총리는 사회민주당 정부로서는 채택하기 어려운 노동시장의 유연성 제고, 사회보장제도의 개혁, 세율 인하 및 세제 개혁 등을 골자로 하는 구조조정을 시행했다.

이는 노동조합과 시민사회 모두의 반대를 무릅쓰고 단행한 조치였기에 사회민주당은 다음 총선에서 참패했다. '어젠다 2010'의 핵심은 생산성과 임금을 연동해서 동독 지역 기업들의 생존율과 생산성을 높이는 것과 세제 해택을 통한 경제자유화, 노동시장 유연화, 근로자에 대한 재교육, 그리고 국제 무역의 촉진이었다.

이 시기 독일 정부의 가장 인상적인 정책이라면 동독 지역 인프라 개발을 위해 외국 투자기관에게 문화를 전면 개방했다는 것이다. 동독과 서독 간의 연결을 개선하기 위해 고속도로와 고속철도를 포함한 교통망에 막대한 투자를 했는데, 라이프치히와 드레스덴과 같은 도시의 인프라의 현대화에 성공하고, 글로벌 기관들의 투자금도 확보할 수 있었다.

유럽연합(EU)의 창설(1993. 11.) 이후 독일 정부는 경제 성장을 촉진하고 인플레이션을 줄이기 위해 유럽연합 회원국이 예산 적자를 GDP의 3% 미만으로 유지하고 부채를 GDP의 60% 미만으로 유지하도록 요구하는 '안정 및 성장협정(Stability and Growth Pact)'을 체결했는데, 이

것도 어느 정도 도움을 주었다. 인플레이션을 줄이고 경제를 안정시키기 위한 금리 인상정책과 물가 인상을 잡기 위해 화폐 공급을 강화했는데, 이로 인해 독일 경제 체질을 점진적으로 개혁할 수 있었고, 실업률 감소와 임금 인상 효과도 볼 수 있었다.

유럽연합의 유로화 도입은 경제에 구세주와 같은 역할을 했다. 유로화 도입으로 독일 기업들은 다른 유럽 국가들에 비해 (기존 환율 변환 시스템 대비) 더 높은 가격 경쟁력을 확보할 수 있었다. 또한 유로화는 국경 간의 거래에 대한 불안감을 잠재웠다. 소위 '그레이트 더블링(The Great Doubling)'이라 불리는 소련과 공산권의 해체로 인해 넓어진 자유무역지대를 향해 독일 기업들이 과감하게 투하고 수출을 촉진하는 데 도움을 주었다.

또한 기존에 국내 은행을 통해 금융 활동을 하던 독일 기업들은 타 국가에서도 쉽게 외화 대출을 받을 수 있었는데, 이는 높은 재건비용으로 돈이 말라 갔던 독일의 사정을 감안하면 천재일우의 기회였다.

이로 인해 독일의 통화 안정성도 개선되었고, 무엇보다 세계의 공장으로 떠오른 중국산 소비재와 중간재로 인한 효과도 컸다. 유로화의 영향으로 독일연방은행은 기존의 강도 높은 고금리 정책에서 저금리 정책으로 전환할 수 있었다. 자금이 풀리자 생산성은 향상되었고 일자리도 늘었다.

2013년, 독일은 전통 제조업의 생산 시스템을 일대 혁신하겠다는 인더스트리 4.0(Industry 4.0)을 국가정책으로 공표했는데, 핵심은 가상 물리시스템을 활용한 완전 자동화와 최적화된 생산관리이다. '인더스트리 4.0'이라는 용어는 독일 인공지능연구소(DFKI)가 국가 미래 전략으로 제안한 것으로서 제조업의 완전한 자동생산체계 구축, 생산 과정의 최적화가 이뤄지는 4차 산업혁명을 골자로 한다. 즉, 제조업과 같은 전통 사업에 IT시스템을 결합해 지능형 공장(smart factory)으로 진화하자는 내용이다.

정보통신기술(ICT)을 이용해 공장의 기계, 산업 장비, 부품들은 서로 정보와 데이터를 자동으로 주고받을 수 있으며 기계마다 인공지능이 설치돼 모든 작업 과정이 통제되고 사람 없이 수리도 가능하다. 이를 통해 생산에서 노동자가 차지하는 비중이 더욱 줄어들고 창의적인 기술 개발과 혁신이 제조업의 경쟁력을 좌우함으로써 인구 감소 등의 변화에도 불구하고 낮은 인건비를 바탕으로 도전해 오는 신흥국과의 경쟁력을 유지할 수 있다.

독일은 일본의 산업구조 개편과는 비교하기 어려울 정도로 어려운 여건 속에서 각고의 노력을 통해 침체에서 벗어날 수 있었다. 새로운 무역시장의 확대와 유로화의 도입이라는 호재도 있었지만, 대체로 전문가들은 어려운 여건 속에서도 노동자와 학생에 대한 질 높은 교육에 과감한 투자를 했다는 점에 큰 점수를 주는 듯하다.

무역수지가 악화되고 경제성장률이 바닥을 치면 대부분의 국가는 사회복지 재원과 교육비를 줄이기 마련이다. 특히 학자금과 기숙사 비용을 전액 지불하고 있던 독일 정부에겐 강력한 유혹이었을 것이다. 하지만 독일 정부는 그렇게 하지 않았다. 교육을 통해 당장 얻을 수 있는 경제 효과는 많지 않지만, 장기적으로는 가장 높은 생산성을 확보하는 기초가 된다. 그리고 독일은 유럽에서도 보기 드물게 높은 수준의 ICT 기반의 제조업을 건설해 냈다. 특히 사민당의 '노동시장 유연화 결단'은 독일 정치계에서 보기 드문 '책임정치'의 표본으로 인정받고 있다.

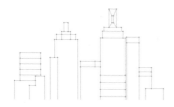

3. 1999년 한국 금융위기와 중국

1997년 11월 21일, 경제 우등생 한국의 신화를 뒤로한 채 정부는 결국 국제통화기금 IMF에 구제금융을 신청하기로 결정했다. 정부조차 제대로 된 예상도, 대비도 하지 못했고 우리 경제의 치부가 전 세계에 낱낱이 드러났다. 이에 따라 예상치 못한 결과가 이어졌다.

환율이 그해 말 거의 2천 원까지 폭등했고 주가지수와 부동산 가격은 폭락을 거듭했다. 실업자만 한 해 1백만 명 이상 나왔고 하루에도 수십 개의 기업이 쓰러졌다. 수많은 이들이 세상을 등지고 아이들은 버려졌으며 노숙자가 급증했다. 6 · 25 전쟁 이후 최악의 위기였으며 수많은 국민들에게 끔찍한 기억과 회복이 어려운 상처를 남긴 IMF 외환위기는 한국 사회를 뿌리째 흔들어 놓았다.

IMF가 주도한 고금리 정책으로 인해 현금 동원 능력이 부족한 기업들은 큰 어려움을 겪게 된다. 많은 기업이 원료 수급마저 어려울 만큼 자금난에 시달리게 되고, 외자 유치와 설비 매각 등을 시작으로 대대적인 구조조정이 촉발된다. 정리해고를 허용하는 등 이른바 'IMF 플러스'[1]라는 조건을 수용하고 단계별로 지원을 약속받는다.

그리고 나서야 구제금융 달러가 조기 지급되었고, G7국가들이 단기 외채 회수를 자제하면서 국가부도를 피할 수 있게 되었다. 하지만 경제 현실은 여전히 엄혹했다. 금융기관은 여전히 돈을 구하지 못해 발을 굴렀고, 기름을 공급받지 못한 주유소가 수두룩했다. 또한 12월 초 IMF로부터 구제금융 협약을 맺으면 상황이 다소 진정될 줄 알았으나 달러는 계속 빠져나갔고, 국가 신용등급은 계속해서 떨어졌다. 세계시장은 한국이 이 위기를 이겨 내지 못할 것이라고 생각했던 것이다.

이때 상황이 매우 긴박하게 돌아갔는데, 외환보유고는 완전히 바닥을 드러냈고 한국 정부의 경제 정책에 대한 불신이 악화되었다. 이에 정부는 국가 부도를 막기 위해 미국으로 날아가 읍소했다. 그리고 앞으로 대한민국은 자본시장의 완전 자유화와 정부가 국제통화기금 IMF에 구제금융을 신청한다고 발표한 게 1997년 11월 21일의 일이다.

이로 인해 중국에서는 14~16%의 경제성장과 무역수지 흑자가 계속

---

[1]   외국인 주식소유한도 폐지, 채권시장 완전 개방 및 금융상품 투자 자유화, 정리해
       고제 도입 및 파견 근로자제 입법 등.

되었다. 연초에 불과 8백 원대였던 원/달러 환율이 12월 초에는 1,200원대까지 치솟았고 한 달도 안 되어 크리스마스 연말에는 1,964원까지 올랐다. 금리는 연 20%를 훌쩍 넘어 30%를 향해 솟구친 탓에 주택담보대출을 받은 이들이 집에서 쫓겨나고 대출 이자를 감당 못한 기업들이 전국 7대 도시에서 하루 평균 30~40개씩 쓰러졌다. 기름값마저 치솟아 주유소에선 사재기 현상이 이어졌고 아예 기름을 공급받지 못하는 상황에 이르렀다.

한편, 여수산업단지에서는 대림과 한화가 나프타 분해 설비(NCC) 공동 운영, 계열 공장 주력 부문의 통합 교환으로 경영 합리화와 산업간의 구조조정을 단행함으로써 여천NCC가 출범한다. 대산 단지에서는 대규모 차입금을 도입했던 삼성과 현대가 위기에 처한다. 삼성종합화학은 합섬 원료 설비 매각과 프랑스 토탈사 외자 유치를 통한 합작사를 출범하고, 현대석유화학은 채권단 관리에 들어간다. 이 밖에도 크고 작은 인수 합병을 통해 업계의 합종연횡이 이루어졌으며, 또 한 번의 허리띠를 졸라매는 시대를 맞이한다.

2000년대 들어 IMF 위기의 어려움을 딛고 중국 수출 등으로 규모화 · 대형화에 성공한 국내 화학 산업은 한때 기술을 전수받은 일본보다 큰 규모의 설비 규모를 자랑하는 세계 5대 화학 산업 강국으로 올라선다. 하지만 아직도 우리나라 화학 업계는 한 치 앞도 내다볼 수 없는 위기감에 싸여 있다. 고유가와 저유가의 반복에 따른 경쟁력 불안, 셰일가스 개발 등과 같은 새로운 원료 자원의 등장, 중국과 중동 등 신흥국의 대규모 증설로 인한 경쟁 격화 등 한국 화학 산업을 위협하는 요인은 곳곳에 산재해 있다.

1999년 동아시아가 금융위기로 허리띠를 졸라매고 있을 때, 중국은 이 시기를 경제성장의 발판으로 삼았다. 이 당시 중국이 가진 특별한 힘이 몇 가지 있었다. 우선 중국의 대규모 노동인구가 값싸게 공급되어 외국기업들에겐 매우 이상적인 투자처였고, 중국산 중간재의 가격경쟁력을 따라올 나라가 없었다. 중국의 외환보유액은 당시 차고 넘칠 정도였다.

한국이 IMF 구제금융을 신청할 당시의 외환보유액은 290억 달러였고, 당시 단기부채만 1,700억 달러였다. 중국의 당시 외환보유액은 1,650억 달러였다. 당시 중국이 외환 중 14% 정도를 엔화로 확보하고 나머지는 모두 달러로 보유했는데, 이는 일본 2,895억 달러를 제외하면 세계에서 가장 높은 수치의 달러 보유액이었다.

연도	1999	2000	2001	2002	2003	2004
외환보유액(달러)	1,650억	1,658억	2,122억	2,864억	4,033억	6,099억

중국은 동아시아 외환위기로 인해 빠져나간 투자금을 자국으로 유치하기 위해 노력했다. 또한 외환위기로 인해 중국 제품에 대한 수요가 줄어들자, 중국은 눈을 내부로 돌렸다. 외국 기업 유치를 통해 달러를

확보하고, 인프라 개발과 내수 진작을 통해 도시 중산층을 확보하기 위함이었다.

이에 따라 세계에서 가장 공격적이고 막대한 자금이 인프라 개발에 투자되었다. 고속도로와 철도, 공항, 인터넷, 전기, 산업단지 개발을 통해 일자리를 창출하고 성장을 촉진했다. 물론 이런 투자는 충분한 외환보유액에 의한 자신감의 발로였다. 중국의 중산층이 성장하자, 소비자 지출도 증가했고 상품과 서비스에 대한 수요도 늘었다. 이는 수출감소로 인한 긴장을 상당히 덜어 주었다.

중국은 아시아 외환위기를 반면교사로 삼았다. 경제적 자립을 통한 탈동조화(Decoupling) 전략이 중국의 성장전략으로 채택되었던 배경이기도 하다. 중국은 2001년 WTO에 가입한 이후에도 금융시장은 부분적으로만 개방했다. 2006년 합작은행의 외국 지분을 투자자당 20%로 제한했고, 외국인 투자자의 소유지분 총합이 25%를 초과할 수 없도록 했다. 만약 중국에서 외국인이 금융기관 지분 10% 이상을 사려면 중앙정부는 물론 지방 금융감독기관의 승인까지 받아야 했다.

2014년 '신창타이(新常□)' 선언을 통해 중국은 금융과 원자재, 중간재 기술에 대한 대외 의존성을 줄이는 것이 핵심 과제라고 천명했다. 또한 이듬해 2015년 '중국제조 2025'를 천명했다. 이는 중국 경제를 저비용 제조 허브에서 하이테크 혁신 강국으로 전환하는 것을 목표하는 국가 전략이다. 인공 지능, 로봇 공학 및 빅 데이터와 같은 신기술의 통합을 통해 중국의 제조 부문을 업그레이드하는 데 중점을 두고 있으며 중국이 첨단 제조 분야의 글로벌 리더로 자리매김하는 것을 목표로 한다. 이 계획의 핵심 철학 역시 외국 기술에 대한 의존도를 줄여 자립하겠다는 것이다.

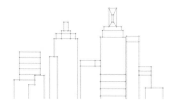

4. 2008년 미국 금융위기

2008년 미국의 서브프라임모기지 사태로 촉발된 금융위기가 미국 경제를 붕괴 직전으로 몰아가고 전 세계 경제를 침체시켰다. 1929년 세계 대공황 이래 최악의 경제 위기가 찾아온 것이었다. 리먼브라더스, 메릴린치, 베어스턴스 등 미국 최대 규모의 투자 은행들이 줄줄이 파산하거나 다른 회사에 인수됐으며, 세계 최대 보험 회사인 AIG와 세계 최대 은행인 시티은행도 파산 위기에 몰렸다.

이에 따라 미국 정부는 경제 전체가 파국으로 치달을 것을 우려해 이들에게 천문학적 액수의 구제금융을 제공했다. 그러나 금융위기는 소비 위축과 실업 증가, 성장 둔화로 이어졌고, 이러한 추세는 국경을 넘어 전 세계로 확산됐다.

많은 사람들은 사태의 근본 원인이 신자유주의 시대 이래의 금융 자유화에 있다며, 신자유주의에 대한 반성과 금융에 대한 규제 강화를 주장했다. 정부가 금융 회사들의 탐욕을 방치한 것이 부동산 거품과 금융 시장의 투기를 낳았고, 마침내 대붕괴로 귀결됐다는 것이다.

물론 사태의 촉발점은 분명 주택시장에서의 부실한 대출과 이와 연동한 파생상품의 남발이었다. 2000년대 초반 주택 시장은 유래 없는 호황기였다. 1987년 레이건 행정부는 자동차와 신용카드 대출이자에 대해선 소득세 공제를 폐지했지만, 주택 담보 모기지 상품의 이자만큼은 소득세 공제를 유지했다.

모기지란 주택자금을 대출해 주고 그 대출채권을 은행이 그저 소유하고 있는 것이 아니라 대출채권을 다시 주택저당증권(MBS)으로 발행해서 대출해 대출 재원을 조달하는 제도다. 이런 방식은 은행 입장에선 매우 유리했는데, 과거에 한 사람에게만 대출하면 만기 때까지 자금을 돌려받지 못한 것에 비해 여러 사람에게 추가 대출해서 금방 나간 돈을 채울 수 있었고, 이런 시스템으로 인해 매우 적은 돈으로 주택을 구입할 수 있었다.

모기지는 현물이 아닌 저당권으로 새로 증권을 발행했다는 점에서 파생증권이라고 볼 수 있다. 주택 모기지에 대한 공제가 유지되자, 사람들은 주택 담보 모기지 대출을 받고 자동차를 사거나 다른 물품을 구매하기 시작했다. 소득공제 금액을 감안하면 훨씬 이익이었기 때문이다. 이런 문화로 인해 주택은 소유가 아닌 투기의 대상이 되었다.

과거 주택 담보 모기지 대출은 적어도 20%라는 자기 자금이 있어야 가능했는데, 2006년에는 이런 보증금 규제도 없앴다. 돈 한 푼 없어도 주택을 구입할 수 있는 시대가 열린 것이다. 이러한 모기지는 종종 다른 대출과 함께 포장되어 전 세계 투자자에게 복잡한 금융 상품으로 판매되었다.

그러나 서브프라임모기지 상품으로 대출을 받은 채무자들이 채무를 이행하지 못하면서 주택 시장의 붕괴가 시작되었다. 이는 주택 압류와 부동산 폭락으로 이어졌다. 모기지 상품을 이용한 채무자들은 "물이 빠진 후에야" 자신이 주택 가격보다 엄청나게 많은 빚(모기지)을 지고 있다는 것을 알았다.

월가에서는 이러한 파생상품이 매우 위험하다는 것을 이미 알고 있었다. 너무나 많은 대형 금융기관이 서로 얽혔고, 하나가 터지면 연쇄적으로 무너질 수 있다는 것도. 다만 그들이 믿었던 것은 설마 연준이 미국 금융이 무너지는 것을 방치하겠느냐 하는 자신감이었다. 사태가 최악으로 치달아도 자신들은 구제될 것이라는 확고한 믿음이 있었다.

그런데 구조적으로 분석하자면, 서브프라임모기지 사태는 미국 연준의 기록적인 저금리 정책에 그 원인이 있다. 미 연준은 2001년 IT 거품 붕괴와 9 · 11 테러로 인한 불황을 타개하기 위해 금리를 무려 13회나 급격하게 인하했다. 2001년에서 2004년까지 1% 금리가 유지되었다. 시장에 돈이 풀려 은행들은 돈을 주체할 수 없는 지경에 이르렀다.

주택 모기지 상품에 돈이 몰리자 주택 모기지는 투기처가 되었고 부동산 폭등이 나타났다. 5년 사이에 집값이 75%나 상승했다. 5년간 돈이 넘치도록 풀려도 정부는 유동성 완화 조치를 이어 갔고, 금융가에선 매일 샴페인을 터뜨렸다. 이에 따라 고위험 파생상품에 대한 투자도 늘었다. 과잉 유동성을 우려한 연준은 2004년 6월부터 금리를 0.25%씩 매달 올리기 시작해 2006년 8월엔 5.25%까지 인상했다.

거품은 여기서 터지기 시작했다. 주택가격이 곤두박질치기 시작하자 주택을 팔아도 대출금을 갚을 수 없는 사람들이 속출했다. 신용등급 상관없이 묻지 마 대출을 해 주었던 서브프라임 대출부터 문제가 생겼다. 뉴센트리 파이낸셜의 주가는 과거 50달러에서 1달러 밑으로 거래되어 파산보호 신청을 했다. 당시 주택 담보 모기지 대출을 받은 사람들은 주로 2년간 고정 저금리를 내다 이후 3년 차부터는 28년 동안 6개월마다 변동금리를 적용받는 상품에 가입하고 있었다. 연준이 금리를 올리자 이자는 폭탄이 되어 돌아왔다.

미국은 어떻게 2008년의 금융위기에서 벗어날 수 있었을까? 이를 우리는 금융당국의 단기적인 정책과 세계의 경제 현황으로 나누어서 살필수 있다. 우선 연준은 경기 부양을 위해 제로금리 정책을 이어 가며 대규모 자산 매입 등의 파격적인 통화정책을 실시했다. 즉, 규제는 강화하되 시장에 돈은 돌아야 한다는 의지의 표명이었다. 이로 인해 기업과 개인의 대출은 숨통을 트일 수 있었다. 이어서 세금 감면과 정부 지출을 통해 부동산 수요를 인위적으로 늘리기 위한 조치를 실행했다.

세계의 경제 흐름도 미국에게 도움을 주었다. 특히 중국이 본격적으로 세계의 공장 역할을 하면서 값싼 소비재와 중간재가 미국으로 흘러들어 왔다. 이는 긴축 없이도 인플레이션을 잡을 수 있다는 자신감을 주었다.

실제 이 시기를 학자들은 '기묘한 호황'이라고도 부른다. 분명 미 재정당국의 경제정책은 인플레이션을 촉발할 수 있는 조치였음에도 저금리정책이 효과를 볼 수 있었던 요인은 중국을 빼곤 설명할 수 없다는 것이다. 중국은 세계의 시장이 얼어붙을 조짐이 보이자 4조 위안(약 786조원)을 풀며 경기부양책을 펼쳤다. 이로 인해 미국과 한국 모두 기사회생할 수 있는 경제적 흐름을 얻게 되었다.

중국의 부상은 물론 미국의 전통적인 제조업의 붕괴를 초래하기도 했다. 하지만 상실했던 제조업의 상당한 영역을, 미국은 서비스 분야로 확장 이전하는 데 성공했다. 주로 금융, IT, 엔터테인먼트, 커피, 푸드 체인점과 같은 것이었다. 세계 경제의 위축 속에서도 미국이 무역수지를 개선할 수 있었던 힘이었다.

2000년대 초중반의 셰일 가스 혁명이 없었다면, 미국이 입은 타격은 더욱 컸을 것이다. 하지만 에너지 자립도가 높아짐에 따라 무역수지를 개선하고 인플레이션도 억제하는 효과를 보았다. 북미자유무역협정(NAFTA)과 중미자유무역협정(CAFTA)을 통한 통상 권역의 확대가 이시기 빛을 보았던 것도 지적할 수 있다.

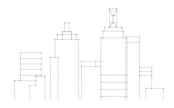

5. 2019년 코로나19

    세계 각지에서 들려오는 코로나19 소식은 이제 일상의 한 부분이 되었다. 국내외의 크고 작은 코로나19 소식을 접하면서 향후 우리 삶의 방식이 지금과 어떤 차이와 변화를 보일지에도 관심을 기울이게 된다. 세계의 저명한 학자들과 전문가들은 정치 · 경제 · 사회문화 등 다양한 측면에서 코로나19 이후 다가올 세상(World on the Horizon)의 모습을 전망하고 있다.

    작금의 사태가 누군가의 지적처럼 코로나19 이전의 세계(Before Corona)와 이후의 세계(After Corona)를 논의할 정도로 역사적 분기의 잣대로 작용하고 있는가에 대한 의구심이 들기도 하지만, 한편으로는 코로나19 이후의 세계는 어떤 모습일까에 대한 지적 호기심이 발동하기도 한다.

코로나19 이후의 세계에 대한 학자들의 다양한 전망 가운데, 자본주의 원심력 작동과 세계 경제권 분할이 지금보다 상당히 축소될 것이라는 주장이 많은 이들의 공감을 얻고 있다. 코로나19 확산을 막기 위해 세계 각국은 국내적으로 일정 규모 이상의 집회나 모임 금지, 격리, 봉쇄 등의 조치를 취하였으며 국제적으로는 상호 왕래를 자제 · 금지시켰다.

20세기에서 21세기로 넘어가는 세기의 전환기에 강하게 휩쓸아친 세계화의 물결로 오늘날의 지구촌은 하나의 공간으로 촘촘하게 연결돼, 상호의존도가 그 어느 때보다도 높다. 그러나 코로나19를 계기로 다양한 영역에 걸쳐 있던 공급망이 단절됨으로써, 앞으로 다가올 세상은 국경 내부의 문제에 더 치중하는 축소 지향의 모습을 띨 것이라는 전망이다. 이러한 전망은 코로나19로 글로벌 공급망의 약점이 적나라하게 드러난 것에 바탕을 두고 있다.

코로나19 이전부터 세계는 미 · 중 무역 전쟁과 다가오는 제4차 산업혁명 등으로 이미 경제적으로는 위기에 봉착해 있는 상태였다. 팬데믹 기간 글로벌 공급망의 단절은 인플레이션과 경제 침체 위기를 불러왔다. 심화되는 미 · 중 갈등이 코로나19 이후에는 어떻게 전개될 것인가? 세계가 우려하는 대로 미 · 중 간의 신냉전이 될 것인가, 아니면 주요국들이 미 · 중과 적당한 거리를 유지하면서 사안별로 자신들의 국익을 극대화하는 양상으로 펼쳐질 것인가?

미중 갈등 국면에서 가장 곤혹스런 입장인 나라가 한국이라는 것은 주지의 사실이다. 안보 측면에서 미국이 절대적으로 중요한 반면, 경제 측면에서는 중국이 매우 중요하기 때문이다. 만약 미중 분쟁이 신냉전으로 악화된다면 '안보는 미국에, 경제는 중국에'라는 행복한 시대는 끝날 것이 분명하다. 미중 갈등의 추이에 대해 세계 어느 나라보다도 한국이 가장 예민하게 주목해야 하는 이유이다.

　미국과 중국, 세계 1ㆍ2위 경제대국 간의 대립 격화는 세계 질서의 존재 양식에도 커다란 영향을 미치고 있는데, 그것의 수용 방식 및 영향 등도 다양하다. 그렇다면 애당초 미ㆍ중 대립이란 어떠한 것이며, 코로나19의 감염 확대하에서 어떻게 변화하고 계속되고 있는가? 또한 그것은 세계 질서의 존재 양식에 어떠한 영향을 미치고 있으며, 세계의 국가들 및 다양한 행위자(actor)는 그것을 어떻게 받아들여 대처하며 노력하고 있는가?

　2008년의 세계 금융위기 이전까지는 미국 1강(一强)이라는 전제가 있었으며 그 아래에서 협조적인 국제 관계를 맺었다. 이것을 '리버럴(liberal) 국제질서'라고 불렀다. 물론 미국이 중시하는 규범이 어디까지 여러 외국에 수용되었는가 하는 것에 대해서 논쟁의 여지가 크게 있지만, 그것을 차치하고 미국인이 중시하는 '통합가치 규범의 묶음', 예를 들면 분쟁의 평화적 해결, 핵 비확산, 무역 자유화, 항행의 자유, 법의 지배, 기본적 인권의 존중 등을 '리버럴 국제주의'라고 불렀다.

그리고 미국은 이러한 리버럴 국제주의의 가치 규범에 위반하는 국가를 제재의 대상으로 삼고 그것을 위해 여러 외국을 동원해 왔다. 또한 북대서양조약기구(NATO)에 가입한 동유럽 국가들 및 G8의 일원이 되었던 러시아, WTO에 가입한 중국 등처럼, 그때까지 미국 주도의 서방측 진영에 속하지 않았던 국가들이 서방측에서 만들어 낸 국제제도에 참가하는 흐름이 있었던 것은 사실이다.

미국의 대중 정책은 오바마 정권 제2기 무렵부터 강경해지기 시작하여, 트럼프 정권이 2017년 12월에 「국가안보전략(NSS 2017)」에서 중국을 현상변경 국가로 단정하고, 2018년 2월의 「국가방위전략(NDS 2018)」에서 장기적인 전략적 경쟁 상대국으로 규정하면서 커다란 전환이 이루어질 징후가 보였다. 리버럴 국제질서, 특히 국제기관을 통한 국제협조의 위기가 현재화된 것은 미국 트럼프 정권의 자국제일주의적(自國第一主義的)인 외교 자세, 즉 국제협조의 실현을 위한 리더십을 발휘할 의사와 능력이 결여된 것에 의한 바가 크다.

각자도생, 전략적 자율성 그리고 국제 협력 간의 경쟁과 타협

앞에서도 언급하였듯이 코로나19 이후의 세계에 대한 학자들의 다양한 전망 가운데 지금보다 상당히 축소된 세계가 될 것이라는 주장이 많은 이들의 공감을 얻고 있다. 이러한 전망은 코로나19로 글로벌 공급망의 약점이 적나라하게 드러난 것에 바탕을 두고 있다. 코로나19 이전부터 세계는 미 · 중 무역 전쟁과 다가오는 제4차 산업혁명 등으로 이미 경제적으로는 위기에 봉착해 있는 상태였다.

코로나19는 많은 부분에서 글로벌 공급망의 단절을 가져왔으며, 경제적 위기를 증폭시키는 결정적 계기로 작용하고 있다. 코로나19로 인한 다단계와 다국적 제조업 공급망의 급격한 단절은 세계 자본주의의 구심력보다는 원심력이 작용하도록 추동할 것이다. 코로나19 이후의 시대에는 미국 경제, 중국 경제, 유럽 경제 중심의 경제적 분할권이 형성될 가능성도 배제할 수 없다.

그렇다면 코로나19 이후 다가올 세상에서 국제 정치나 국제 관계의 일반적인 흐름과 양상은 어떨까? 이와 관련해서도 세계의 주요 학자나 전문가들이 다양한 의견을 개진하고 있다. 코로나19로 강대국 간 경쟁이 종식되지 않으며 새로운 국제 협력 시대를 촉진하지도 않을 것이라는 전망부터, 국제사회의 힘과 영향력이 서방에서 아시아로 전이되는 현상의 가속화, 즉 중국의 독일과 러시아 운유 및 가스 수입의 중재자 역할(System Link Pin)과 북한 무산지구 개발 임차권으로 남북 교류의 중재자 역할이 점점 증대될 것이라는 전망도 있다.

이에 중국은 러시아, 북한, 중동, 인도, 동남아 일대 일로 전략으로 새로운 유라시아 존을 만드는 지역 블록화를 가속화시킬 것이다. 이게 바로 Great China, '하나의 중국 전략'이다. 이에 반해 국제주의의 부활, 미 · 중 전략경쟁의 격화와 양국의 국제적 책임 방기, 유럽연합의 통합력 약화, 유럽 연합 자율성 강화를 확대로 미국의 유럽 내 입지가 축소되고 있는 상황이다.

부동산 재테크
: 토지개발과 경매 · 공매

한국 자산시장에서 가장 큰 부분을 차지하고 있는 부동산. 한국인에게 집이란 자산이고 투자 종목이며 빚의 근원이기도 하다. 30여 년 현장에서 얻은 토지개발 재테크 정보와 경매 · 공매에서 성과를 얻기 위한 노하우를 소개한다.

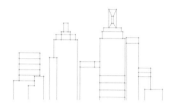

1. 경매 및 공매 재테크 필살기

경매와 공매가 일반인에겐 가장 쉬운 재테크 중 하나다. 그런데 경매와 공매를 하기 위해서는 필수적으로 장착해야 할 원칙과 지식이 있다. 알고 있다고 생각하지만, 실전에서 당혹스러운 결과를 받고 실망하는 이들도 많다.

우선 경매 · 공매 물건 분석의 기초는 말소기준권리를 파악하는 것에서부터 시작한다. 말소기준권리는 매각 후 소유권이전등기 시 부동산등기부등본에 설정돼 있는 권리의 소멸 여부와 임차인의 보증금 인수여부를 결정하는 권리다. 저당, 근저당, 압류, 가압류, 담보가등기, 강제경매개시결정등기 등 6가지 권리가 이에 해당한다.

6가지 권리 중 가장 먼저 설정된 권리를 기준으로 부동산등기부등본에 설정된 권리의 선 · 후순위를 판단하게 된다. 전세권은 건물 일부가 아닌 건물 전부에 설정된 전세권으로서 전세권자가 배당요구를 했거나 경매 신청을 한 경우에 한해 말소기준권리로 본다.

▶ 말소기준권리는 부동산등기부등본에 설정된 권리의 말소 또는 인수의 기준이 된다.

저당, 근저당, 압류, 가압류, 담보가등기, 경매개시결정등기 등 6가지 권리 중 가장 먼저 설정돼 있다면 그 권리는 매각 후 소유권이전등기 시 말소되지 않고 매수인에게 인수된다.

▶ 말소기준권리는 임차인의 대항력 유무를 판가름한다.

임차인이 대항력이 있느냐 없느냐는 임차인이 대항요건(주택은 주민등록과 점유, 상가건물은 사업자등록과 점유)을 위에서 언급한 말소기준권리보다 먼저 확보했는지, 아니면 늦었는지에 따라 달라진다.

▶ 말소기준권리는 그 밖에도 매각대금 납부 이후 명도하는 점유자가 인도명령 대상인지 명도소송 대상인지를 구별 짓는 기준이 되기도 한다.

인도명령 대상자는 매수인에게 대항할 수 있는 권원(權原)[1]에 의해 점유하고 있는 점유자를 제외한 모든 점유자다. 매수인에게 대항할 수 있는 권원이 있는 점유자라 함은 유치권자, 인도명령대상자로서 6개월이 경과한 자, 선순위 대항력 있는 임차인 등이다. 따라서 이들 점유자를 제외한 채무자, 소유자 및 말소기준권리보다 대항 요건을 늦게 갖춘 후순위의 대항력 없는 임차인은 인도명령에 기해 강제집행을 할 수 있다.

▶ 모든 말소기준권리에 해당하는 것은 아니지만 말소기준권리 중 근저당, 담보가등기, 전세권(건물 전체에 설정된 것) 등 담보물권은 소액임차인 여부를 판단하는 기준이 된다.

소액임차인에 해당하면 임차인의 보증금 중 일정액에 대해 최우선변제권을 행사할 수 있지만 소액임차인이 아니면 최우선변제권을 행사할 수 없다. 소액임차인은 임대차보증금이 주택 또는 상가건물 임대차 보호법 시행령에서 정하는 보증금 범위 이내의 임차인이어야 하므로, 해

---

1   특정한 물건을 점유(占有)하거나 사용(使用)·수익(收益)하는 정당한 원인으로서의 권리를 뜻한다. 소유권(所有權), 지상권(地上權), 전세권(傳貰權), 질권(質權), 임차권(賃借權), 사용대차(使用貸借), 임치(任置) 등이 이에 해당한다. 권원에 의한 경우에는 점유 또는 사용·수익이 적법한 것으로 인정되어 그에 대한 보호가 이루어지지만, 권원에 의하지 않는 경우에는 점유 또는 사용·수익이 위법한 것으로 인정되어 불법행위(不法行爲) 내지 부당이득(不當利得) 등의 문제가 발생하게 된다.

당 보증금 범위 해당 여부는 전입 당시를 기준으로 하는 것이 아니라 최초 담보물권 설정일 당시를 기준으로 한다.

말소기준권리를 알면 경매와 공매의 95% 터득한 것과 마찬가지다. 아래 열거한 내용은 예외 및 특수한 판례와 응용된 사항이므로 가히 부동산 필살기라 할 수 있다. 다음 내용을 정확하게 이해한다면, 어떠한 물건을 접하더라도 두렵지 않을 것이라고 자부한다.

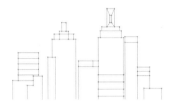

2. 토지개발 재테크

(농업인) 농업경영체에 등록하는 것이
부동산 재테크의 기본이고 시작이다.

모든 토지의 기본은 농지와 관련되어 있기 때문에 농 · 어민에게는
많은 기회와 혜택이 있다. 공익용 산지에서 일반인은 건축행위를 할 수
없지만 (농업인) 농업경영체에 등록된 사람은 공익용산지가 본인 명의
로 되어 있으면 단독주택이 가능하다. (농업인) 농업경영체 등록 요건
은 다음과 같다.

① 1,000㎡이상 농지에서 농작물을 경작하거나 1년 중 90일 이상을
   농업에 종사하는 자.
② 농지에 330㎡ 이상 고정식 온실, 버섯 재배사, 비닐하우스 등을
   설치하여 경작하는 자.

③ 대가축 2두, 중가축 10두, 소가축 100두, 가금 1천수, 꿀벌 10군 이상을 사육하거나 1년 중 120일 이상 축산업에 종사하는 자.

④ 농산물을 통한 연간 판매액이 120만 원 이상인 자.

:: 농업경영체 등록(변경) 확인서 ::

■ 농어업경영체 육성 및 지원에 관한 법률 시행규치[별지 제2호의3서식]

농업경영체 등록(변경등록) 확인서

1. 등록번호		최초등록일자	2020-07-09		최종변경일자	2020-07-09	
2. 경영주 (법인명 및 대표자)		경영주 성명 (법인명 및 대표자)			주민등록번호 또는 외국인등록번호 (법인등록번호)		
3. 경영주 외 농업인 성명 (조합원 또는 동거인시)		[ ] 경영주(법인 및 대표자) 변경이력 표시			공동경영주 이무[ ]		
4. 주소 (법인 주소)		[ ] 경영주외 농업인 변경이력 표시					

5. 농지 및 농산물 생산   (삭제필지 [ ] 표시, [√]미표시)

번 호	농지 소재지		지목		경영 형태	농지면적(㎡)			미이용	
			공부	실제		공부	실제경작		휴경	폐경
			답	논	자경	2,230	2,230		0	0
1	재배품목 (예정품목 포함)	노지	시설					2020/07/09		
			온실 (유리)	온실 (경질판)	온실 (비닐)	육묘상 (유리)	육묘상 (경질판)	육묘상 (비닐)	재배시	
	벼	2,230	0	0	0	0	0	0		

6. 임야 및 임업경영   (삭제필지 [ ] 표시, [√]미표시)

번 호	소재지		경영방식		경영 형태	농지면적(㎡)		미이용	
			임목생산	임산물 재배		공부	실제 경영	휴경	폐경
				조회된 데이터가 없습니다					

번 호	소재지		경영방식		경영 형태	농지면적(㎡)		미이용	
			임목생산	임산물 재배		공부	실제 경영	휴경	폐경
				조회된 데이터가 없습니다					

7. 가축·곤충 등 사육시설 및 사육규모 ([√]등록된 시설만 표시, [ ]삭제내역 포함 표시 [ ]전체 미표시)

번 호	사육시설					사육참무				
	사육시설 소재지	소재지 공부면적 (㎡)	시설 면적(㎡)		시행· 업자	용도	사육품목	사육 규모 (미맛수/군/㎡)	등록 의지	삭제 의지
			공부	실제						
				조회된 데이터가 없습니다						

8. 직불금 및 정부보조, 인증현황 ([ ] 표시, [√]미표시)

연도	직불금(천원)										정부보조·융자금				친환경 농업인증 참무		
	농지 변후	밭 고정	밭 변동	밭 고정	논 이모작	조건 불리	경관 보전	친환경	경영 이양	성세 사업명	면적 합계 (㎡)	지원명 직불금 보조금 (천원)	융자금 (천원)	인증 종류	인증 품목	인증 의지
						조회된 데이터가 없습니다										

▶ 경매나 공매 물건 중에서 토지 합필 물건을 찾는다.

　매매 · 경매 · 공매 물건 중에서 5필지가 나왔다는데 3필지(약 350평)는 계획관리지역이고 2필지(약 150평)가 농림지역이라고 할 때, 두 토지를 합필(合筆)하면 500평의 하나의 땅이 된다. 이때 만약 창고나 공장을 신출하게 되면 500평이 계획관리지역에 준하는 기준으로 건폐율 · 용적률 적용을 받는다.

▶ 임야 개발 허가 시 임목 본수도 때문에 개발행위 허가가 반려될 경우의 대처 방법

임야 개발 시 임목본수도 문제로 허가가 어려운 상황이 오면 일단 버섯을 기르겠다고 하면 합법적으로 소나무 벌취(伐取)할 수 있으므로 자연스럽게 버섯을 기르는 임야는 임목본수도 문제가 해결되는 것이니, 이후 버섯 농사를 지면서 개발 행위를 할 수 있다.

▶ 공익용산지, 보전산지에서 건축 행위를 할 수 있는 방법

공익용산지에서는 산지관리법의 적용을 받으므로 건축행위를 할 수 없으나 개간허가를 신청해서 농지로 변경하면 지목을 농지나 과수원으로 변경할 수 있다. 다만 10년간 농지 이외의 행위를 할 수 없고 지자체마다 안 되는 지역이 있다. 용인시는 지목 변경 신청이 반려된다. 산지가 많은 지역은 개간 허가를 잘 내주는 것으로 알고 있다.

▶ 동호인 5명이 전원주택을 짓고 싶을 때의 토지 투자 노하우

토지 구입 시 공동명의, 공유지분으로 토지를 구입한 다음 민법 공유물 분할을 활용하여 각자 인감증명서를 첨부한 합의서를 작성하여 지적공사에 접수하면 5필지로 된 공동명의 토지를 분할 수 있으니, 별도 허

가 관청에 심사를 받을 필요가 없다.

▶ 10,000㎡ 이상 동호인 주택 건축 시 토지 활용 노하우

처음부터 정중앙 상단에 6미터 도로를 내면서 단독주택 건축허가를
받아 놓으면 자연스럽게 동호인 주택 단지가 분할되면서 소규모 단지로
건축허가를 낼 수 있다. 10,000㎡ 토지는 사업계획승인을 받아야 하지
만 이 경우 자연스럽게 건축 허가로 운영할 수 있다. 또한 현황 사정에
따라 전체 필지 대상으로 허가를 얻지 말고 4미터 도로를 내면서 소규
모 개발을 하면 허가 규정이 간소화된다.

▶ 건축허가를 받을 시 고려 사항

토지 매입 시 개발행위를 할 수 있느냐가 관건이며, 개발행위허가만
나오면 건축허가는 부수적으로 따라온다. 건축허가에서는 어떤 건물을
건축할 것인가를 정하는 것으로 건폐율, 용적률, 주차장 문제만 정하면
된다.

▶ 낙찰 물건 토지현황이 농지가 아닐 때 농지자격취득증명원의 발급 유무

낙찰받은 토지의 지목이 농지인데 토지 위에 불법건축물 및 세면 포장이 된 경우 각 읍 · 면 산업계에 가서 현황 사진을 보여 주고 농지자격증명원을 받을 수 없는 토지라는 것을 입증하면 담당공무원이 반려통지서를 발급한다. 이를 법원 경매계에 일주일 이내 제출하면 낙찰받은 물건을 소유권 이전할 수 있다.

추후 낙찰받은 농지를 분할하려면 담당자는 농지에 불법 건축물이 있기 때문에 철거하고 오라고 할 것이다. 이런 경우 반려통지서를 보여주며 "농지자격 취득증명원을 발급받으러 왔을 때는 농지법상 농지가 아니라고 하면서 반려통지서를 발급하지 않았었나?"라고 항변하면, 낙찰받은 토지를 필지 분할할 수 있다.

:: 농지취득자격 증명(미발급) 통지서 ::

「더 큰 도약, 살맛 나는 당진」

대 호 지 면

수신 ⬛⬛⬛⬛⬛⬛ 귀하 ⬛⬛⬛⬛⬛⬛⬛⬛⬛⬛

(경유)

제목 농지취득자격증명 미 발급 통지

귀사께서 신청하신 농지취득자격증명의 발급 신청 필지는 다음과 같은 사유로 미 발급 통지함을 알려 드립니다.

가. 취득농지의 표시

신청인	농지의 표시	지적(㎡)	신청면적 (㎡)	지 목 공부	지 목 실제	농지구분
⬛⬛⬛	⬛⬛⬛⬛⬛⬛	205	102	전	도로	진흥지역밖

나. 미발급 사유

① 상기 신청 토지는 농지법에 의한 농지에 해당되지 아니합니다.

② 처분에 이의가 있을 때는 행정심판법 제18조에 따라 처분이 있음을 안 날로부터 90일 또는 처분이 있는 날부터 180일 이내에 충청남도지사에게 행정심판을 청구할 수 있으며, 행정소송법 제20조에 따라 행정심판에 소송을 제기할 수 있음.

※ 민원접수번호 : ⬛⬛⬛⬛⬛⬛ . 끝.

대 호 지 면

(당진시 대호지면장인)

산업팀장 ⬛⬛⬛	부면장 ⬛⬛	대호지면장 2019. 6. 4. ⬛⬛

협조자

시행 ⬛⬛⬛⬛ (2019. 6. 4.) 접수

우 31798 충청남도 당진시 대호지면 4.4만세로 55-1, 대호지면 행정복지센터 산업팀 / http://www.dangjin.go.kr/

전화번호 041-360-8280 팩스번호 041-360-8289 / sim9876@korea.kr / 비공개(6)

아이와 함께 행복한 미래를 열어가는 당진

- 1 -

농지취득자격증명신청서

※ 뒤쪽의 유의사항을 참고하시기 바라며, [ ]에 해당되는 곳에 √표를 합니다   (3쪽 중 제1쪽)

접수번호	접수일시	처리기간 7일(농업경영계획서를 작성하지 않는 경우에는 4일, 농지위원회의 심의 대상인 경우에는 14일)

취득자 (신청인)	① (명칭)	②주민등록번호 (법인등록번호 · 외국인등록번호)
	③주소	
	④전화번호	
	⑤취득자의 구분 [ ]농업인 [ ]농업법인 [ ]농업인이 아닌 개인 [ ]그 밖의 법인	

취득 농지의 표시	⑥소재지						
	·군	구·읍·면	리·동	⑦지번	⑧지목	⑨면적(m²)	
	⑩농지구분						
	농업진흥지역		농업진흥지역 밖	영농여건 불리농지			
	농업진흥구역	농업보호구역					

⑪ 취득 원인	
⑫ 취득 목적	[ ]농업경영 [ ]주말 · 체험영농 [ ]농지전용 [ ]시험 · 연구 · 실습지용 등

「농지법」 제8조제2항, 같은 법 시행령 제7조제1항 및 같은 법 시행규칙 제7조제1항제2호에 따라 위와 같이 농지취득자격증명의 발급을 신청합니다.

년   월   일

농지취득자(신청인)   (서명 또는 인)

시장 · 구청장 · 읍장 · 면장   귀하

제 ⬛⬛⬛ 호	농지취득자격증명	

농지 취득자 (신청인)	성명 (명칭)	⬛⬛⬛	주민등록번호 (법인등록번호)	⬛⬛⬛
	주소	⬛⬛⬛		
	연락처		전화번호	

	소재지	지번	지목	면적(㎡)
취득 농지의 표시		⬛⬛⬛	답	65.40

취 득 목 적 | 주말체험영농

귀하의 농지취득자격증명신청에 대하여 「농지법」 제8조, 같은 법 시행령 제7조제2항 및 같은 법 시행규칙 제7조제4항에 따라 위와 같이 농지취득자격 증명을 발급합니다.

2021 년 03 월 12 일

경기도 과천시장 (인)

<유의사항>

○ 귀하께서 해당 농지의 취득과 관련하여 허위 그 밖에 부정한 방법에 따라 이 증명서를 발급받은 사실이 판명되면 「농지법」 제59조에 따라 3년 이하의 징역이나 1천만원 이하의 벌금에 처해질 수 있습니다.

○ 귀하께서 취득한 해당 농지를 취득목적대로 이용하지 아니할 경우에는 「농지법」 제11조제1항 및 제62조에 따라 해당 농지의 처분명령 및 이행강제금이 부과될 수 있습니다.

▶ 경·공매 물건 중 건축 착공 전 물건 낙찰 시 건축허가 승계 유무

낙찰자가 기존 건축허가자로부터 건축허가를 승계받으면 되지만 협상이 이루어지지 않아 경매나 공매로 소유자가 변경되고 6개월 이후엔 건축허가가 자동 취소된다. 따라서 낙찰자가 다시 건축허가를 신청하면 기존의 건축허가자가 허가를 얻을 때 걸렸던 시간보다 처리 기간이 단축된다. 즉 건축허가의 승계를 기존의 건축허가자가 동의해 주지 않아도 무리가 없다. 그러므로 기존 토지 주인에게 건축허가 비용을 지급한다는 조건으로 건축허가를 승계받는 것이 양쪽 모두 이득이라는 사실을 설명해서 처리하면 될 것이다.

	경매	공매
종류	▪ 임의경매 ▪ 강제경매 ▪ 형식적 경매	▪ 압류재산 ▪ 수탁재산 ▪ 신탁재산 ▪ 국유재산, 공유재산
입찰방식	▪ 법원 현장 입찰 (법원에 직접 출석해야 함)	▪ 전자입찰 (온비드 접속)
입찰보증금, 잔금 납부 방식	▪ 법원 납부(현금, 수표)	▪ 계좌이체
권리분석 공시 서류	▪ 물건명세서 ▪ 조세채권 정보 미공개	▪ 재산명세서 ▪ 조세채권 정보 공개
명도 절차	▪ 협의 또는 부동산 인도명령	▪ 협의 또는 명도소송

▶ 매매・공매・경매 시 현황을 가지고 건축허가 유무를 미리 판단할 수 있다.

① 매매 ・ 공매 ・ 경매 물건 중 지목이 창고용지이고 실제로 지상에 창고가 존재하는 물건일 경우, 창고가 허름하여 창고를 다시 짓고 싶을 때에는 누구나 창고를 지을 수 있는 것이 아니라는 사실을 알아야 한다. 개발행위제한구역에 있는 물건이라면, 농어민이 아니면 창고를 허물고 다시 창고를 지을 수 없다. 다시 말해서 창고를 지을 수 있는 자격 있는 사람이 창고를 지었기 때문에 창고용지가 된 것이다.

② 농림지역에 있는 콩나물 공장을 허물고 신발공장 허가가 나오지 않는 이유도 지목이 농림지역이다 보니 농사와 관련된 공장만 허가가 나오는 것이다. 지목이 창고용지라서 창고를 지을 수 있다거나 지목이 공장 용지라고 하여 공장을 지을 수 있는 것이 아니고, 창고를 지었기 때문에 창고용지이고 공장을 지었기 때문에 공장용지가 된 것이다.

③ 용도지역이 2종 일반주거지역이고 지목이 대지인데 장마로 인하여 집이 멸실되었을 때, 다시 건축허가를 신청하였더라도 물이 흐르고 있는 현황이라면 건축허가가 반려된다.

④ 지목이 묘지인데 현황을 가 보니 묘지가 없으면 건축허가가 나오

고, 지목이 임야이고 용도지역은 계획관리지역인데 현황을 가 보니 묘지가 있으면 건축허가가 불허된다. 즉, 지목이 중요한 것이 아니고 현황이 중요한 것이다.

⑤ 지구단위 계획구역 안에서 지목이 종교용지이고 용도지역이 계획관리 지역인데 일반건축허가가 나오지 않는 이유도 지구단위 계획구역을 지정할 때 '각 번지 토지에 지정된 건축행위만 하겠다.'라고 인센티브를 한 단계 상위로 받았기 때문이다. 따라서 용도지역 문제가 아니라, 지구단위 계획구역에서는 지목이 중요한 것이다.

⑥ 여의도공원도 용도지역은 자연녹지로 되어 있지만 공원법에 의한 특별법 적용을 받는다. 자연녹지에서 건축행위를 하지 못하는 이유는 지목에 의한 특별법을 적용받기 때문이고, 특별법에서는 지목을 우선시하는 것이다.

위와 같은 매매 · 공매 · 경매 전에는 '토지이용계획 확인원'을 통해 임장활동으로 미리 건축허가 유무를 알 수 있다. 엄청난 리스크를 사전에 줄일 수 있는 것이다.

▶ 지적법상 도로 없이 건축법상 도로를 이용하여 건축허가 가능

지적법상 도로가 없더라도 건축법상도로(현황도로)를 이용하여 건축

허가를 취득할 수 있다. 건축법상 도로는 지적법과 관계없이 "4미터 이상이면 건축법상 도로로 본다."고 하였는데, "타인의 토지이면 사용승낙서를 제출하여야 한다."고 건축법에 명시되어 있다. 다만 예외 조항이 있는데, "지방자치단체 조례에 정하는 경우"라고 되어 있다. 지방자치단체 조례를 확인한 결과 "사실상 주민이 사용하고 있는 통로"라는 문구가 있으면 허가 담당자의 사용승낙서 없이 건축법상 도로로 인정해서 허가를 취득하면 될 것이다.

▶ 농지에 불법 건축물이 있는 상황에 농지자격취득증명 발급 유무

농지에 불법건축물이 있는 상황에서 매매계약을 할 때 농지자격취득증명원은 농지 위에 있는 불법건축물을 철거해야만 발급받을 수 있다. 경 · 공매인 경우는 아직 소유권이 확정되어 있지 않기 때문에 낙찰자가 원상복구각서를 제출하면 농지자격취득증명원을 발급하고 있다.

▶ 토지 취득 시 분할을 원활하게 할 수 있는 방법

① 건축법에 의한 분할은 대지, 공장용지, 창고용지, 학교용지, 주유소용지는 최소면적규정, 건폐율, 용적률 조건만 맞추면 분할하여 준다.

② 농지법에 의한 분할은 불합리한 경계를 수정하면서 합필 조건으로 분할 신청, 개발행위를 통해서 지목변경을 신청하면 분할된다. 이 경우 농지 담당 공무원은 농지법을 강하게 적용하는 경향이 있어 조건이 매우 까다롭다. 농지 담당 허가부서에 개발행위허가를 신청한 후 준공이 나면 준공계를 농지담당 허가부서가 아닌 지적과에 제출하면 농지분할이 원활하게 이루어진다.

③ 매매 · 경매 시 다툼이 있는 경우 소송을 통해 법원 조정과 판결로써 분할할 수 있다.

▶ 재건축부지 매입 시 최소 대지 지분 면적

전체 대지 면적이 크면 클수록 사업성이 좋은데, 전체 대지 면적에 세대수를 나누면 평균 대지 지분이 나온다. 이 경우 최소 대지 지분이 15평 이상이어야 하고, 만약 대지 지분이 15평이 되지 않을 경우엔 리모델링으로 사업을 변경하여야 한다.

▶ 개발이익 환수금

광역시에서는 660㎡, 일반도시에서는 990㎡, 비도시의 경우는 1660㎡ 이하에 대해선 개발이익 환수금을 납부하지 않고, 그 이상 면적에서는 개발행위로 인하여 공시지가 상승분의 25%를 개발이익 환수금으로 납부하여야 한다.

▶ **개발제한구역 건축행위 정의**

최초 개발구역이 지정된 1971년 이전의 개발제한구역 내의 지목이 대지인 경우는 법규 적용을 받지 않기에 건축행위가 가능하다. 기존 건축물이 있는 경우 기존 건축물의 건폐율, 용적율 한도에서 건축행위가 가능하다. 기존 건축물을 허물고 이축도 가능한데, 집단취락지역 구역으로 이축이 가능하다.

▶ **건축허가 목적사업이 취소된 경우**

우리 법원은 "건축허가 시 지정된 도로"는 건축허가권자가 진입로 지정공고를 한 후 비록 건축허가가 취소되더라도, 즉 "목적사업이 취소되었더라도 건축법의 도로로 본다."라고 판시하고 있다. 다만 현황도로가 아니라 개발 행위를 통해서 형질변경을 하는 경우에는 토지사용승낙서를 첨부하여야 한다.

▶ 전원주택 분양 취득 시 계약서에 공도 확인사항

전원주택 분양 취득 시 진입로를 지분으로 표시해서는 안 되고, 형질 변경 허가로 '건축법에서 규정하는 도로'로 지정받아 토지이용계획 확인 원에 등재되어야 완전한 공도가 되어 향후 매매 · 증여 등 재산권 행사 를 완전하게 할 수 있다.

▶ 매매 · 경 · 공매 재개발지역 자투리 토지 투자

대도시 재개발지역 중 매매 · 경 · 공매 시장을 유심히 검토하여 90 ㎡ 이상 도로라도 아파트 분양권을 받을 수 있고, 재개발지역 지목이 농지는 매수 청구권 대상이 아니다(대지만 해당).

▶ 경 · 공매 상가 낙찰자는 기존 세입자에게 임대료를 청구할 수 있다.

경 · 공매는 평균 1년이라는 시간이 필요한데, 낙찰자는 기존 세입 자의 보증금에서 연체된 임대료 및 연체 관리비를 공제할 수 있다.

▶ 경·공매 농지 입찰 전 확인 사항

농지임대차도 대항력이 있으므로 시 · 군 · 면 농지확인대장을 확인하여야 한다. "농지임대차는 등기가 없는 경우도 임차인이 시 · 군 · 면에서 농지임대차 계약서를 확인받으면 그다음 날부터 대항력이 발생한다."라고 하였으니 반드시 농지 입찰 전 시 · 군 · 면에 확인하고 입찰해야 한다.

▶ 개인이 농지자격취득증명원을 발급받지 않는 경우

용도지역이 주거지역, 상업지역, 공업지역이라면 농지자격취득증명원을 발급받지 않고 '토지이용계획확인원'을 첨부하여 소유권이전 서류에 첨부하면 농지자격취득증명원을 대체할 수 있다.

▶ 현황도로에 대한 소유권 주장하면서 도로를 공작물로 막는 경우

타인이 현황도로의 소유권을 주장하면서 무단 식재하고 공작물로 통행을 막는 경우엔 법원에 통행방해금지 가처분신청을 하면 최근 법원은 즉시 가처분신청을 허가하여 주고 있다. 따라서 통행방해금지 가처분을 활용하여 통행로를 보존할 수 있다.

▶ 농지은행을 활용하여 농지 임대인 등록 및 임차인으로 주말농장을 활용하는 법

　농지은행을 검색한 다음 '농지 구하기 → 지역 선택 → 농지 검색하기'를 클릭해서 농지가 검색되면 농지 임대를 신청한다. 그 후 순위대로 선택되어 농어촌공사와 임대차 계약을 할 수 있다. 주말농장이나 농사를 지을 수 없는 사람은 농어촌공사를 통해서 임대를 놓을 수 있다.

▶ 8년 자경 농지매매 시 세금 감면을 받는 방법

　재촌자경한 기간이 8년을 넘어가면 농지 매매 시 1년(1과세기간) 내에 세금 감면을 받을 수 있다. 1년 최대한도 1억, 5년에 2억을 감면받을 수 있다. 매매 농지금액이 클 경우 1년 치 한 해 매매 잔금을 다 받는 것이 아니고, 예를 들어 10월에 전체 매매 농지금액이 10억 원이라고 할 때 5억 원에 대해서는 계약금 잔금을 받고 나머지 5억 원에 대해서는 계약금 중도금만 받고 다음 해를 넘겨 잔금을 받으면 1년에 1억씩 세금 감면을 받을 수 있는 것이다.

▶ 영농증여를 통해서 세금 감면을 받자.

　직장 생활을 하다가 귀농할 경우 영농증여를 활용해 세금 감면을 받

을 수 있는데, 5년 동안 1억 원의 세금 감면을 받을 수 있다. 증여받는 사람이 증여 당시 비록 농업에 종사하고 않더라도 증여 이후에 증여세 신고 기간 이내에만 농업을 시작하면 된다. 이렇게 하면 상속세에 합산되지 않는 이점이 있는데, 다만 이는 영농을 지속하라는 장려의 취지라는 것을 잊어선 안 된다. 5년 후 매매 시엔 본인이 증여받는 시점이 아닌 부모님의 최초 취득 시점을 취득 시점으로 보기 때문에 양도세 폭탄을 맞을 수 있다. 따라서 최종 귀농하여 영농에 종사할 사람만이 최대의 수해를 볼 수 있다 할 것이다.

▶ **경, 공매 시 건축물의 종물, 부합물을 분석해서 입찰하여야 한다.**

건축물 경 · 공매 시 종물, 부합물 분석을 잘못해서 입주가 늦어지는 경우가 있다. 종물은 건물의 종속되어 있는 창고 · 주차장 · 담장이고, 부합물은 건축물에 부착되어 있는 것으로 바닥 타일이나 보일러 등을 뜻한다. 건축허가 시 조경공사를 하여야만 하는 물건은 경 · 공매 감정에 포함되어 낙찰자 소유권을 취득하는 것이다. 이 경우 건축법의 적용을 받지 않고, 전소유자가 임의로 설치한 물건은 낙찰자가 소유권을 취득 못 하여 입주가 늦어지는 경우가 있다.

▶ 신축 공사 시 공사 현장에 CCTV를 설치하여 분쟁을 줄이자.

건물 신축 공사 시 공사 현장에 CCTV를 설치하면 사고가 발생할 경우 과실을 쉽게 가려낼 수 있으며 허위 유치권 발생을 예방할 수도 있다. 분쟁을 사전에 예방할 수 있기에 투자 대비 효과가 매우 좋다고 할 것이다.

▶ 공익용산지와 보전녹지가 만났을 때 특이한 법 적용이 된다.

「국회법 시행령」에선 "대통령이 정하는 보전녹지지역에서 공익용산지는 행위제한을 국회법으로 처리한다."라고 적시되어 있다. 그런데 보전녹지 행위자는 산지관리법이 아니라 국회법으로, 공익용 산지는 적용이 되지 않고 보전녹지지역으로 건축행위가 가능한 토지가 된다. 하지만 이 경우에도 산지전용기준에 부합해야 한다. 즉 도로 조건, 임목본수도, 낙석 피해 방지 조건, 경관이나 생태계 조건 등 기본적인 산지전용기준에 부합할 때 일반 건축행위도 가능하다.

▶ 임야 농림지역을 준보전산지로 변경할 수 있는 방법

농림지역은 보전이 목적이기 때문에 행위제한으로 건축행위를 할 수 없으나 버섯재배사 허가를 받으면 임목을 합법적으로 벌취해서 버섯을 재배할 수 있다. 산림청에선 5년마다 임야의 현황을 검토하는데, 농림지역에 임목이 없으므로 보존 가치가 없어 통상 경계토지의 용도지역으로 변경되어 최종 준보전산지로 변경할 수 있다.

▶ 임목등기를 활용하면 소규모 가족 수목장을 할 수 있다.

종교시설이 운영하는 수목장에서 수형(樹形)을 보고 선택한 소나무로 임목등기를 해 두면 토지 소유자가 바뀌어도 임목등기 된 소나무가 살아 있는 한 수백 년 보존이 되므로 안전하게 오랫동안 묘지를 보존할 수 있다. 단, 개인 임야는 안 된다.

▶ 채무자가 강제집행을 연장할 수 있는 방법

부득이한 사유로 살고 있는 집이 채무 등의 사유로 경매개시 결정이 되었을 때 이사 준비라든지 경매를 취하할 수 있는 시간이 필요한 경우, 채무자가 법원에 개인 회생신청을 하면 '회생인가 결정 및 기각 결정 시까지' 경매 절차를 6개월에서 최대 1년 정도 늦출 수 있다.

▶ 전세권자의 경매 신청 시 주의 사항

전세권은 건물 일부, 토지 일부에 전세권을 설정할 수 있지만 일부 전세권자는 전체 건물을 경매 신청할 수 없다. 전세권자가 경매를 신청하기 위해서는 전세 목적물을 반환해야 하는데, 이는 전세금의 반환과 목적물의 반환이 동시이행관계이기 때문이다. 전세권자의 우선변제권은 보장된다.

▶ 부동산 법인 건물 매매 시 부가세를 간과해서는 안 된다.

법인은 85㎡ 이상 건물 매매 시 건물 부분은 부가세가 부과되는데, 건물 부분의 10% 부가세가 부과되며, 양도 차액이 발생하지 않더라도 건물 부분에 부가세는 부과된다. 상가인 경우, 기존 세입자를 승계하는 '조건포괄양도'를 한다면 부가세 납부의무가 면제된다(주택임대사업자는 부가세 면제).

▶ 매매·경·공매 임야 구입 시 준보전산지가 답이다.

매매나 경·공매로 임야를 구입 시 준보전산지가 일반인이 개발행위 할 수 있는 최상의 물건이다. 기본적인 허가 조건만 갖춘다면 행위 제한이 없고 현황 도로로 건축허가가 가능하다. 개발행위를 할 때 도로가 사업 진행의 성패를 가르기에 엄청난 인센티브가 될 것이다.

▶ **경·공매 입찰 물건 중 공유물 토지에 대한 입찰 시 고려 사항**

공유물 토지 지분권자 중 과반수 지분을 가진 자가 있을 때에는 입찰에 참여할 필요가 없다. 많은 입찰자들이 공유물 토지 물건의 일부 공유물을 매입한 다음 공유물 분할 소송을 진행하여 수익을 내려고 하지만, 과반수 공유지분을 가진 자가 있는 물건은 공유물 분할소송을 할 수 없다. 과반수 공유물을 소유한 자가 배타적으로 사용 · 수익하고 있으면 공유물의 관리 방법으로 적법하기 때문에 소수 지분권자는 과수 지분권자에게 지분 비율대로 사용이익에 대한 부당이익 부분만 청구할 수 있다.

▶ **경·공매 입찰 문건 중 재개발지역 토지 입찰 시 무허가 건물이 존재할 때의 분양권 분석**

이 경우 분양권이 나오는 토지는 수익성이 보장되므로 정확한 분석이 필요한데, 무허가 건물이 기존 건물인지 신규 건물인지를 파악해야 한다. 1981~1989년 사이에 건축물이 있었으면 기존 건물로 재개발 시 분양권이 나오는 데 반해 1989년 이후 건축물에 대해서는 분양권이 나오지 않으므로 반드시 관할 구청 무허가 건축물대장을 확인한 후 입찰에 참여하여야 할 것이다.

▶ 경·공매 물건 입찰 시 대항력 임차인이 있는 경우 주의 사항

경 · 공매 물건 입찰 시 대항력 임차인이 있는 경우 필히 배당 순위를 확인하여 지방세나 국세가 있는지 확인하여야 한다. 선순위로 세금까지 배당을 받아 가면 대항력 있는 임차인이 배당을 전액 받을 수 없는 금액 은 낙찰자가 인수해야 하므로 세금을 감안하여 저가 입찰하여야 한다.

▶ 경·공매 물건 중 후순위 임금채권 및 철거 가처분 물건 주의

경 · 공매 물건 중 후순위 임금채권이라도 근로복지공단은 소액임차 인과 동순위로 먼저 배당을 받아 갈 수 있으며, 철거 가처분이 후순위 로 있다고 하여도 낙찰자가 인수해야 하는 경우가 있으니 특히 주의하 여야 할 것이다.

▶ 현금을 활용해서 증여세 절세하는 방법

현금 100억 원을 운용한다고 가정했을 때, 자녀가 운영하는 법인에 100억 원을 무상으로 대여해 자녀가 그 돈을 활용해 자산의 가치를 올린 다음 다시 자녀에게서 현금 100억 원을 돌려받으면 증여세가 부과되지 않는다. 반면 부동산이나 주식 100억 원을 자녀에게 증여한다면 증여세가 부과된다.

▶ 부분증여를 활용하여 증여세 절세하는 방법

토지는 시간이 갈수록 가치는 상승하고 건물의 가치는 하락한다. 따라서 토지만 자녀 명의로 증여해 둔다면, 30년 후 토지 가치는 몇 십 배 상승하므로 증여세 절세 효과가 상당하다. 건물에서 나오는 수익은 부모님이 활용할 수 있으므로 경제권을 사망 시까지 행사할 수 있는 절세 방법이다.

▶ 지상권을 활용하여 증여세 절세하는 방법

토지 가치는 시간이 흐를수록 가치가 상승하므로 저렴할 때 자녀 명의로 증여를 한 다음 토지에 자신(증여자) 명의로 지상권을 설정하자. 지상권자의 동의 없이는 매매할 수도 없고 대출도 받지 못하므로 증여자 사망 시까지 안전하게 토지를 보전할 수 있고 증여세도 아낄 수 있다.

▶ 개발행위 시 신탁을 활용하여 시행 현장을 안전하게 보전하자.

개발행위 현장이 10,000㎡ 정도와 같이 규모가 있고 공사에 상당 기간이 소요되는 경우, 분쟁이 발생하여 공사 관련 관계자가 가압류를 하게 되면 준공자금 대출이 안 돼서 준공을 낼 수 없고 가압류권자가 과도한 금액을 청구하면 소송으로 해결할 수밖에 없다. 이 경우 이자 연체로 인해 경매가 진행될 수밖에 없으므로 관리 신탁을 해 두면 안전하게 현장을 보존하면서 마무리할 수 있다.

▶ 소유권이전 청구권 가등기를 활용하여 절세하는 방법

부동산 거래 시 부득이한 사정이 있거나 미등기 전매할 경우 매매 계약을 하면서 '소유권 이전 청구권 가등기'를 활용하면 절세할 수 있다. 10년 이내 매수인이 나타났을 때 가등기를 이전하면 소유권이전 물건에 따라 상당한 금액의 취 · 등록세를 절세할 수 있다.

▶ 소규모 10,000㎡ 이하 전원주택지 도로개발행위 시 용도지역이 도시지역인지 비도시지역인지에 따라 건축법 도로 지정의무가 다르다.

소규모 10,000㎡ 이하 전원주택지 도로개발행위 시, 용도지역이 도시지역인 경우엔 전원주택 건축 시 도로 부분에 대해 건축법 도로 지정의무가 있다. 이 경우 다음의 조항을 확인해야 한다. 건축법 44조(대지와 도로의 관계)에 따라 4미터 이상 도로에 2미터가 접해야 하고, 45조(도로의 지정 · 폐지 또는 변경)에 따라 건축법도로로 지정해야 한다. 또한 46조(건축선의 지정)에는 위 건축법 44조 기준에 맞지 않으면 폭을 넓히라고 명시하고 있다. 용도지역이 비도시지역인 면 지역은 위 건축법 제44조 · 제45조 · 제46조에 대하여 적용받지 않고 자동차가 갈수 있는 통로만 있으면 건축행위를 할 수 있다.

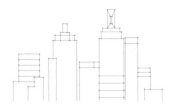

3. 부동산 재테크의 교훈과 전망

지난 50년간 부동산 투자도 많이 변했다. 그러나 변하지 않은 한 가지가 있다면, 바로 유연성이다. 그것은 앞으로도 변함이 없으리라 예상된다.

여러 면에서 1971년은 중요한 한 해였다. 디즈니월드(Disney World Florida), 페덱스(FedEx), 스타벅스(Starbucks)와 같은 기업들이 문을 열었고, 영국이 실링과 펜스를 십진제 통화로 교체했으며, 돈 맥린(Don McLean)의 'American Pie', 존 레논(John Lennon)의 'Imagine', 레드 제플린(Led Zeppelin)의 'Stairway to Heaven' 음반이 출시되며 음악계가 황금시대를 맞았다.

70년대 초 현대적인 부동산 기관은 투자에 대해 조심스러워했다. 영국의 연기금들은 부동산회사의 지분을 소유했을 뿐 일반적으로 '건물

(bricks and mortar)'에는 투자하지 않았다. 오늘날 잘 알려진 바와 같이 슈로더의 첫 번째 부동산 펀드는 1971년에 출범했다.

투자자들은 경제 성장 사이클에 휘둘리지 않는다

전통적으로 부동산은 임대료와 수익률이 경제 사이클에 의해 좌우된다고 보아 경기 민감성 자산으로 취급되었다. 따라서 이런 논리라면 타이밍이 투자 성과에 절대적으로 중요하다. 시장 전체를 보자면 어느 정도는 사실이다. 그러나 개별 자산이나 섹터 단위에서 보면 그렇지 않다. 그 예로 2015년 이래로 산업용 부동산과 리테일 부동산의 수익률 간의 격차가 크게 벌어진 것을 들 수 있다. 임차인 수요는 단순한 GDP 성장률 함수가 아니다. 장기간의 구조적인 역학관계 또한 매우 중요하다.

산업용 부동산이 유일한 사례는 아니다. 최근에는 편의점에서 데이터 센터에 이르기까지 다양한 틈새에서 부동산 유형이 나타났고 인구통계학적 특성, 사회적 규범, 기술 면에서 장기간에 걸쳐 구조적인 변화를 보이고 있다. 그래서 코로나19로 인해 발생한 혼란으로 GDP가 하락한 기간에도 부동산은 상대적으로 높은 방어력을 보였다.

그럼에도 점포와 쇼핑센터의 공실률은 증가하고 있는 추세이다. 쇼핑객들이 온라인으로 이동했기 때문이다. 기존의 소매상들은 경영난을 겪거나 점포 문을 닫고 있지만 다른 한편으로는 웹사이트와 공급망에 더 많은 투자를 하고 있다. 그와 유사하게 기업의 운영 행태를 하이브리드형 근무로 전환하고 에너지 효율과 직원의 복지를 점점 더 중요시하면서 사무실에 대한 수요는 감소하고 있다.

이러한 현상에서 얻을 수 있는 한 가지 교훈은, 투자는 구조적 트렌드를 따라가야 한다는 것이다. 투자자가 아무리 종목을 잘 고르고 타이밍을 잘 잡더라도 시류에 역행하기보다 순응하는 편이 앞으로 나아가기가 훨씬 더 수월하다.

투자자들은 '접객(hospitality)' 마인드를 가질 필요가 있다

얼마 전까지만 해도 건물 소유주들은 필요할 때만 임차인들과 소통하는 다소 엄격한 원칙을 가지고 있었다. 그래서 '모든 전화는 귀찮은 문제를 일으킬 수 있다(every phone call could trigger a maintenance question).'는 말도 공공연히 나돌았다. 협상은 제로섬 게임으로 여겨졌기에 소유주와 임차인 간의 분쟁에는 오직 승자와 패자가 있다고 믿었다.

임대차계약에는 임차인이 지불할 임차료가 적시되어 있을 뿐, 임차인의 사업 성패 여부는 아무 상관이 없다. 필요한 공간의 유형이나 면적의 차이도 고려의 대상이 아니다. 서비스는 대체로 임차 면적에 제한되었고 임차인은 표준적인 인테리어 공사비용을 부담했다.

그러나 최근 임대 사업의 경영 형태는 변화하고 있다. 모든 부동산은 영업자산이라는 것을 업계에 상기시켜 준 것이다. 임차료 납부는 임차인의 사업 성공에 큰 영향을 받는다. 일부 투자자들은 여전히 임차인들과 일정한 거리를 두길 원한다. 그러나 점점 더 많은 투자자들이 정기적으로 대화를 하고 건설적인 관계를 수립하는 것이 더 이득이라는 것을 깨닫고 있다. 그렇게 함으로써 건물은 임차인의 사업 성공을 실제로 도울 수 있다. 이는 완전한 태도 변화를 의미한다. 이런 변화에는 두 가지 요인이 작용하고 있다.

첫째, 팬데믹 이전에도 소비자의 '개별화(individualizing)'는 세계가 점점 더 예측하기 어려워지고 있음을 의미했다. 기업들은 기술과 다른 구조적 변화에 더 빠르게 적응해야 했는데, 서비스 면에서도 오피스(serviced offices)와 주문형 입고시스템이 증가한 것은 유연성을 원하는 사용자들의 수요가 일부 작용한 결과다. 그러한 유연성을 제공하기 위해서 (서비스와 계약 조건에 대해서 모두) 선제적으로 대화에 나서는 임대인(건물주)들은 자신의 부동산 자산이 임차인의 사업을 실질적으로 도울 수 있다. 그 결과, 더 높은 임대료를 받을 가능성이 높아지고 보다 중요하게는 자신의 자산이 불용자산이 될 가능성을 낮춘다.

둘째, 지속가능성과 건강에 대한 관심이 높아지면서 현재 임대인과 임차인에게는 건물 사용 최적화라는 분명한 공동의 관심사가 존재한다. 주택과 상업용 건물의 냉방 · 난방 · 조명으로 인해 건축물 환경은 글로벌 CO_2 배출량의 40%를 차지하고 있다. 에너지 사용률을 낮추고 현장에서 친환경 전기를 생산하고, 물을 절약하고 폐기물을 줄이고 이상기후에 대비해 건물을 보수하는 것이 그 어느 때보다 중요해질 것이다. 팬데믹으로 인해 직원의 건강과 복지를 개선할 필요성도 대두되었다.

이에 따라 공조기 성능을 업그레이드하고 조용한 공간을 제공하고 사람들이 냉난방과 조도를 조절할 수 있게 해 주고 자전거 보관소를 추가하는 것과 같은 일들이 우선순위를 차지하게 되었다. 알맞은 서비스와 지원이 제공될 때 직원들이 사무실로 돌아오고 기업 문화에 기여할 가능성이 더 높다.

각각의 건물을 하나의 사업으로 다루고 임차인들에게 알맞은 서비스와 지원을 제공하는 이러한 '접객(hospitality)' 마인드를 수용하는 투자자들이 무심한 투자자보다 더 나은 성과를 거두게 될 것이다.

이를 통해 투자자는 금전적인 성과와 ESG 가치 경영이라는 두 마리 토끼를 모두 잡을 수 있다. 폐기물을 최소화하고 임대인과 임차인 모두를 위해 최상의 계약 모델을 발견하는 것은 상호호혜적인 일이다. 임차인과 거리 두기를 하는 투자자들은 결국 자신의 자산이 방치되는 것을 보게 될지도 모른다.

공급 측면을 무시하면 화를 입을 수 있다

임대 수준은 공간의 수요와 공급 사이의 균형을 반영한다. 건축이 완료되기까지 걸리는 시간 때문에 수요에 대한 대응을 빨리 하지 못할 때가 많다. 이것이 바로 항상 부동산과 반도체, 컨테이너선박 등 다른 자본집약산업에서 특징적으로 나타나는 소위 '포크 사이클(pork cycles)' 현상이다. 포크 사이클은 돼지고기 가격이 인상되면 투자가 증가하지만 새끼가 태어날 때까지 투자 효과가 지연되는 역학관계를 말한다. 부동산 개발에서 나타나는 것과 유사한 생산의 지연이 발생하는 것이다.

다른 모든 조건이 동일한 상태에서 포크 사이클은 파리 중심가, 뉴욕, 런던의 웨스트엔드 등 공급이 부족했던 시장에선 임대료에 큰 영향을 미치지 않았다. 해당 시장들은 라데팡스, 애틀랜타, 프랑크푸르트, 런던시와 같이 개발이 더 활발했던 시장들보다 임대료가 더 견조(堅調: 높은 시세를 유지함)했고 수익률도 더 높았다.

이런 맥락에 따라 건축 붐과 공간의 과잉공급 위험은 글로벌금융위기(GFC) 이후 감소했다. 부동산 시장 전문지 『Property Market Analysis』에 따르면 2020년까지 10년 동안 암스테르담, 베를린, 브뤼셀, 프랑크푸르트, 함부르크, 런던, 마드리드, 뮌헨, 파리, 스톡홀름에서 건축이 완료된 사무실 총량은 이전 10년에 비해 3분의 1이 더 적었다.

GFC의 여파로 다행히도 은행의 자본건전성 요건이 강화되었고, 은행은 현재 투기적인 건축업에 대해 매우 엄격한 대출 기준을 적용하고 있다. 이와 동시에 개발의 잠재적 이익은 수입이 없고 유동성이 제한되는 건축 기간 동안의 기회비용을 상쇄시킬 수 있어야 한다. 2010년대에 신규 건축이 활발하지 않았던 만큼 인구 밀집도가 높은 많은 도시에서 공실률은 하락했다. 이런 사례는 팬데믹으로 타격을 입은 직후에 사무실의 임대료가 이전의 경기 침체기보다 덜 하락할 것으로 예상할 수 있는지에 대한 근거를 제공했다.

향후 시멘트와 철강 제조 과정에서 발생하는 탄소배출량을 감축하기 위해 신규 건축과 기존 건물의 리모델링을 더욱 제한하게 될 가능성이 높다. 그러나 그렇다고 해서 투자자들이 단순하게 아예 개발을 피할 것이라고 결론을 내린다면 오판이다. (인구 고령화, 개인주의 등) 장기 구조적 트렌드와 새롭게 설계된 상품이 스스로 장기 수요를 만들어 낼 수 있기 때문이다.

다만 임차인들이 이런 개념을 받아들이기까지 약간의 시간이 필요할 뿐이다. 아울러 신축 건물은 쇠퇴한 지역을 부흥시키는 데 중요한 역할을 할 수 있다. 초반 수익률은 소폭에 그칠 수 있지만 일부 도시재생 프로젝트는 10년 또는 15년의 기간을 두고 측정할 경우 견조한 수익률을 제공했다.

"지어 놓기만 하면 사람들은 모일 것이다."라는 발상은 위험성이 높은 전략이다. 그러나 구조적 변동이나 트렌드에 올라탄 개발이라면 상당한 수익을 안겨 줄 것이다.

임차인 시장은 지역적이지만 투자 시장은 국제적이다

지난 50년 동안 부동산 시장에서 나타난 가장 큰 변화는 포트폴리오의 다각화와 매력적인 위험 조정 수익률을 동시에 추구하는 해외 투자 시장의 성장이다.

1971년에는 사실상 모든 부동산이 국내 투자자 소유였다. 해외 투자는 외환 규제로 인해 제약이 상당히 많았고, 일부 국가에서는 외국인의 부동산 소유를 금지하거나 외국인 소유자에게 상당한 불이익을 주었다. 반면 오늘날에는 그러한 투자 장벽들이 거의 사라졌다. 1999년 유로화가 도입되면서 유럽 내 해외 투자는 더욱 활발해졌다.

지난 5년 동안 해외 투자자들은 전 세계에서 1조 2,500억 유로에 달하는 부동산을 매입했는데, 이는 전체 상품 거래액의 30%에 해당된다. 중동의 국부펀드가 매입의 중심에 섰던 해가 있고, 이듬해에는 아시아 투자자들이 주를 이루는 등, 시기에 따라 투자자의 지역도 달랐지만 투자자들이 부동산 보유분을 분산시키기 위해 국내에서 해외로 눈을 돌림에 따라 글로벌 부동산 투자 자본의 성장은 계속될 가능성이 높다.

일반적으로 투자자들의 국적과 보유 자본의 성격이 다양해지고, 자본

비율도 다양해진다는 것은 특히 런던이나 파리 같은 '관문(gateway)' 도시들에서 부동산의 유동성이 높아졌음을 의미했다. 그러나 국내자본과 해외자본 간에는 적절한 균형을 맞추려는 힘이 항상 작용하고 있다. 예를 들어 폴란드의 쇼핑센터나 이탈리아의 물류센터와 같이 해외자본 의존도가 높은 일부 소규모 투자 시장은 2010~2013년 유로존 국채위기 때 마비되었다.

더 나아가 도시 간 부동산 투자 수익률의 편차가 점진적으로 사라지면서 분산 투자의 이점이 일부 감소했다는 피할 수 없는 패러독스도 존재한다. 유럽 주요 도시에서 최상급 사무용 부동산의 수익률 간 평균 상관관계는 1982~2000년 0.2에서 2001~2020년 0.6으로 상승했다 (Property Market Analysis).

물론 임대료가 이와 같은 원리에 지배받는다고는 볼 수 없다. 임대료는 여전히 현지 수급 강도에 따라 좌우된다. 팬데믹 기간 동안 구체적으로 확인된 바와 같이 임대료는 현지 규제의 영향을 많이 받는다. 그러한 현지 규제의 입김이 향후 자본시장에 더 큰 영향을 미칠 것인지는 흥미로운 관전 포인트가 될 것이다.

투자자들은 부동산 수익률과 유동성을 둘 다 가질 수 없다

오늘날 부동산은 50년 전 지방 측량사 협회들이 지배하던 업계와는 상당한 차이가 있다. 당시 거래는 전적으로 '인맥(old boy network)'에 의존했다. 하지만 해외 부동산 투자의 성장은 유동성과 투명성 개선에 상당한 기여를 했고 아래와 같은(상호 연결된) 변화 역시 부동산 시장의 변화를 추동했다.

- 국제적으로 복수의 서비스를 제공하는 대형 상장회사들이 중개업체로 등장
- 다국적 펀드의 출범
- 새로운 전문가 기준
- 매각 후 재리스하는 거래가 증가하면서 상당량의 부동산이 소유주의 품에서 해방됨
- 부동산 데이터와 리서치가 큰 폭으로 증가하여 투명성이 개선됨

최근의 빅데이터나 블록체인과 같은 혁신 기술의 등장도 눈여겨보아야 한다. 부동산 실사에 소요되는 시간은 줄고 이에 따라 부동산 자본의 유동성도 더 커질 전망이다. 이런 유동성 확대에도 불구하고 부동산은 여전히 물리적인 이종 자산군이다. 따라서 결코 전자 거래로 이루어지는 주식이나 채권의 수준처럼 유동성이 높아질 순 없다.

부동산 투자에서의 교훈 중 하나는 (예를 들어 즉시 환매가 가능한 개방형 펀드나 파생상품과 같이) 부동산 수익률과 즉각적인 유동성을 동시에 제공하려는 시도는 호황기에는 통할 수 있지만 대개는 부동산의 가치가 하락하기 시작할 때 수포로 돌아갈 것이라는 점이다. 독일의 개

방형 펀드업계는 2008년과 2013년 사이에 환매와 강제 매도가 줄을 이으면서 실존적 위기를 겪었다. 그러나 그 이후 개방형 펀드업계는 최소 투자 기간, 구조화된 환매 가능 기간, 대 투자자 투명성 제고 등 일련의 개혁 작업을 통해 환골탈태했다.

포트폴리오 사이즈와 구성, 자산의 퀄리티와 지배구조가 중대한 차이를 만든다. 리츠는 대개 우수한 하이브리드 상품으로 일컬어진다. 우선 2년이나 3년 동안 보유하고 레버리지가 낮으면 기초가 되는 부동산 시장과 유사한 수익률을 제공할 수 있다.

영국을 기준으로 3년 보유 시 월간 총수익률 지수(MSCI)와 FTSE EPRA NAREIT 지수와의 상관관계는 거의 1이지만 3개월 단위로 측정하면 그 수치가 급격하게 하락한다. 단기적으로 리츠는 주식시장의 일반적인 등락에 영향받는다. 따라서 부동산 투자의 분산 효과가 일부 희석된다. 그리고 리츠는 '실물 부동산(bricks and mortar)' 자산과 같이 가치를 높이기 위해 통제력과 능력을 발휘할 기회를 제공하지 않는다.

부동산을 매력적으로 만드는 물리적인 특성 또한 비유동성에 기여한다. 그것은 마치 동전의 양면과도 같다. 비유동성 없이 부동산 투자의 매력을 누릴 수 있다고 주장하는 사람이 있다면 그는 현대판 연금술사다.

유연성과 다양성

퍼즐의 마지막 조각은 까다로워지는 기관투자자들이다. 과거에는 제한적인 자금 배분만으로도 충분히 대체 투자를 할 수 있었다. 오늘날 기관투자자들은 신뢰할 수 있는 혁신적인 파트너만을 요구한다. 다시 말해서 고정관점에 사로잡혀 있지 않고 보다 복잡한 자산배분 문제를 '풀어낼(solve)' 수 있는 파트너를 원한다.

따라서 부동산자산운용사들은 고객의 요구를 깊이 있게 이해하고, 폭넓은 경험으로 시장 변화의 본질을 간파할 수 있어야 한다. 투자자들은 보다 넓은 자본시장을 이해하고 그러한 지식을 장기적 트렌드와 단기적 혼란에 관한 하향식 리서치 역량에 대입해서 적용할 수 있어야 한다. 아울러 자산을 발견하고 능숙하게 운영할 수 있는 현지 기반과 능력이 결정적이다.

옛것을 기반으로 새로운 것을 창조하다

우린 이를 온고지신(溫故知新)이라고 표현하고, 서구에선 "더 나은 재건(Building back better)"이라는 표현을 즐겨한다. 옛것을 기반으로 하되, 현실은 늘 변화한다는 것에 유념하자. 그 변화의 중심에서 더 격렬하게 흐를 물결과 여전히 과거의 중심축을 유지하고 있을 원칙을 변별하는 능력이 바로 유연성이다. 나날이 변화하는 시장에서 유연한 접근법과 사고방식은 매우 중요하다. 내일의 문제에 대한 해답을 찾기 위해 과거로부터 배울 수 있는 사람이 미래 50년을 결정지을 것이다.

도시와 주택·
주거문화 변천사

고대에서부터 현재의 스마트 시티까지 인류의 주거
문화 변천을 살펴본다. 특히 OECD 국가 중 인구밀
도와 도시 밀집도가 가장 높은 한국의 주거변천사를
통해 근대 이후 현재의 독특한 주택문화가 형성된 과
정을 소개한다.

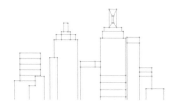

1. 주택과 주거

인간은 비바람이나 추위, 더위와 같은 자연적 피해와 도난, 파괴와
같은 사회적 침해로부터 보호하기 위해 주택을 지었다. 외부로부터 적
당히 차폐된 공간을 건축적으로 해결한 것이다. 그래서 주택이란 인간
의 생리적 욕구인 식사 · 배설 · 수면 등을 해결하고, 재창조를 위한
휴식과 문화생활을 담는 그릇을 의미한다고 할 수 있다.

이번 장에서는 우리나라 고대의 주거 변천 과정 및 근 · 현대 주거
생활을 찾아보면서 우리의 조상들이 어떤 집에서 어떤 생활을 하였는지
를 살펴본다. 그리고 서양의 주거 변천 과정을 통해서 우리나라가 아닌
다른 나라 사람들은 또 어떻게 살아왔는지에 대해서 알아보고, 마지막
으로 가깝지만 먼 이웃 북한의 주거 현황에 대해서도 살펴본다.

1) 주택의 정의

인류는 태초부터 주택을 짓기 시작하였으며, 인지(人智)가 발달함에 따라 보다 쾌적하고도 견실한 주택을 짓기 위해서 노력을 기울여 왔다. 그러나 이 사생활에 대한 욕구는 적절한 사회적 관계, 즉 공동적 취락 (聚落) 관계를 벗어나서 형성되지는 않는다. 그리고 각 지역의 풍토적 환경과 민족성은 주택과 취락을 독자적인 형식으로 경영하게 하였다.

근대 주택은 가족 구성의 핵화(核化)와 순수한 가정생활의 장소로서 소형화 · 단순화가 이루어져 가는 경향이 있다. 여기에 인구 증가와 인간의 집단화 과정이 더욱 적극화되어 도시의 발달을 가져오게 되고, 아파트와 같은 도시집단 주택의 유형이 보편화되고 있다.

2) 주택의 분류

주택의 종류는 크게 「주택법」과 「건축법」의 두 가지 법률 에 의해 구분 한다. 일반적으로 주택의 종류는 「건축법」상의 분류를 기준으로 적용한 다. 세대의 구성원이 장기간 독립된 주거 생황을 영위할 수 있는 구조 로 된 건축물 전부 또는 일부 및 그 부속토지를 의미한다.

단독주택이란 순수주택으로서 일반적인 형태의 주택을 의미하며, 공 동주택이란 건축물의 벽 · 복도 · 계단 및 그 밖의 설비 등의 정부 또는 일부를 공동으로 사용하는 각 세대가 하나의 건축물 안에서 각각 독립된 주거 생활을 할 수 있는 구조로 된 주택을 의미한다.

▶ 집합 형식에 따른 분류

① 단독주택 : 단독주택, 다가구주택, 다중주택, 공관
　순수주택으로, 일반적인 형태의 주택을 말한다. 단일 가구를 위해서 단독택지 위에 건축하는 형식이다. 「건축법」에 의해서 일반적인 단독주택 외에도 다가구주택, 다중주택, 공관을 포함하는 개념으로 사용한다. 다가구주택과 공관 또한 단독주택이다.

:: 다가구 주택과 공관 ::

② 공동주택: 아파트, 연립주택, 다세대주택
　단독주택은 그 일부를 분양하거나 구분 소유할 수 없는 반면, 공동주

택은 세대별로 구분 소유할 수 있도록 되어 있다.

- 다중주택: 학생 또는 직장인 등의 다수인이 거주할 수 있는 구조로
  된 주택. 연면적 330㎡ 이하, 3층 이하의 단독주택의 일종. 여러
  사람이 장기간 거주할 수 있도록 만들어졌으나 독립된 주거형태를
  갖추지 않은 주택. 각 세대별로 욕실 설치는 가능하나, 취사 시설
  설치는 불가능.

:: 다중주택 ::

:: 다세대주택 ::

- 다세대주택: 4층 이하, 연면적
  660㎡ 이하로 2세대 이상이 거
  주하는 주택.
- 연립주택: 4층 이하로 동당 건
  축 연면적이 660㎡를 초과하는
  공동주택.
- 아파트: 5층 이상의 공동주택.

▶ 기능 및 사용 목적에 따른 분류

순수한 거주용인 전용 주택과, 점포 · 사무실 · 작업장 병용의 병용
주택이 있다.

▶ 생활양식 면에 따른 분류

한식 주택, 양식 주택, 절충식 주택으로 나눌 수 있다.

▶ 구조 재료에 따른 분류

어떠한 재료를 사용했느냐에 따라 목조 주택, 조적조 주택, 철근콘크
리트 주택, 조립식 주택으로 나뉜다.

※ 목조주택

목조주택이란 주요 구조부가 목재로 이루어진 주택으로 정의된다. 우
리는 흔히 외부에서 목재가 보이는 정도에 따라서 목조주택으로 분류하
지만 이는 잘못된 것이며, 주택에 작용하는 하중을 지지하는 기능을 어
느 재료가 담당하느냐 하는 것이 주택을 분류하는 기본이 된다. 따라서
목조주택이란 주택에 작용하는 하중을 목재 부재가 담당하는 주택이라
는 의미를 갖는다.

목조주택은 점탄성의 재료로써 외부로부터의 하중이나 충격을 흡수할 수 있는 능력이 뛰어나 내구성이 좋고 안전하다. 그리고 사람의 감각기관(시각 · 청각 · 후각 · 촉각 · 미각)을 통하여 느끼는 느낌을 좋게 하여 생활에 적당한 주거 환경을 조성하고, 생활환경으로 인한 스트레스를 최소화하는 등 건강에도 긍정적인 영향을 미친다. 또한 목조주택은 문제가 생겼을 경우에도 해당 부분만 해체하여 쉽게 교체할 수 있으며 다시 수리하여 완전한 상태로 복구할 수도 있다.

▶ 질적 수준에 따른 분류

고급 주택, 중류 주택, 국민 주택, 판잣집으로 분류할 수 있다.

▶ 공급 형태에 따른 분류

임대 주택, 분양 주택, 주문 주택, 기성 주택으로 구분된다.

▶ 높이별 분류

저층 주택(1~2층), 중층 주택(3~5층), 고층 주택(6층 이상), 초고층 주택(15층 이상)으로 나누어 볼 수 있다.

▶ 시대적 분류

원시 주택, 현대 주택, 미래 주택으로 분류할 수 있다.

▶ 지역적인 분류

주택이 건설되는 지역에 따라 도시 주택, 농어촌 주택, 전원주택으로 구분된다.

▶ 지붕 재료별 분류

지붕의 재료에 따라 초가집, 기와집, 함석집, 슬레이트집, 슬래브(slab)집으로 나누어 볼 수 있다.

3) 주거의 기능

주거는 인간이 일상생활을 영위하는 장소로서 복합적인 기능을 수행하는데, 크게 아래의 다섯 가지 기능으로 설명할 수 있다.

- 자연, 위험 등 외부로부터의 보호 기능

- 생업 장소로서의 기능
- 가정교육의 기능
- 휴식처로서의 기능
- 주생활 속에서 의식주를 위한 가사 노동 장소의 기능

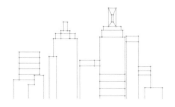

2. 주택의 변천사

1) 선사 시대

▶ 구석기 시대

제3빙하기로 기후적 조건
이 불안했던 시기였으므로
자연동굴, 바위에서 원형주
거 형태로 이루어졌다.

:: 구석기 시대 공주 석장리 유적 ::

▶ 신석기 시대

집단노동으로 공동생활을 시작한 시기이다. 수혈주거(지표면 아래를

약 1m 파낸 반지하) 집 자리는 원형이나 기둥식 뿔형, 타원형, 방형으로 바뀌었고, 말기에 이르러 긴 네모꼴 형태로 나타났다.

:: 신석기 시대의 주거 형태 ::

▶ 청동기 시대

이 시기는 나지막한 언덕 지대의 경사면에 적게는 10호 ~ 20여 호, 많게는 100호 정도의 큰 마을을 형성하면서 농경을 주로 하고 어로나 목축 등으로 생활해 왔다. 주거지는 대개 방형이나 장방형으로 집 자리가 커졌으며 기거 · 취사 · 작업 · 저장 등으로 나누는 벽체가 생기고, 서까래가 지면에 닿지 않는 구조로 발전되었다. 고문헌에 의하면, 고조선 시대에 움집 · 귀틀집 · 고상주거가 있었음을 알 수 있다.

① 움집

지하를 깊게 파고 기둥을 세워 도리와 보를 낸 후 여기에 서까래를 지면으로부터 걸쳐 지붕을 짜고 잔 나뭇가지와 풀, 흙 등으로 덮은 수혈주거가 만들어졌다. 나중에는 규모가 점점 커지고 공간이 분리되면서 기둥과 벽체를 세우고 실내 구조가 복잡해지며 지붕이 땅에서 떨어지는 반움집의 형태가 생겨났다. 이때 비로소 여자는 안쪽 깊은 곳을 차지하고 중간은 작업 공간, 입구 쪽은 야외 생활도구나 남성의 공간으로 분리하여 사용됐다.

② 귀틀집

산간 지역의 화전민들이 짓고 살던 집으로, 통나무를 우물 정(井) 자 형태로 쌓고 통나무와 통나무 사이의 틈에는 진흙으로 막아 벽체를 이룬 집이다. 나무를 가로로 쌓아 집을 만들어 감옥같이 보였다는 기록도 있고, 창고나 여름철 주거지였을 가능성이 높다.

③ 고상주거

집의 바닥이 높게 만들어진 누각이나 원두막 같은 주거를 말한다. 움집에서 오래 생활하면 위생 상태가 나빠져 질병에 걸릴 확률이 높기 때문에 이와 같은 형태가 생긴 것이 아닌가 하는 추측도 있다.

2) 삼국 시대

▶ 고구려

고구려 사람들은 대개 산이나 계곡을 의지하여 집을 지었다. 일반 주택들은 초가에서 살았고, 왕궁이나 사찰들만이 기와집에서 살았다. 가

난한 사람들은 겨울에 장갱(長坑)[1]을 만들고 여기에 불을 지펴 그 열로 추운 겨울을 이겨 냈다고 한다. 일반 주택의 명칭이 대옥, 소옥, 서옥 등과 같이 서로 다른 것으로 보아 크기나 용도에 따른 주택의 구조가 발전되었음을 알 수 있다. 또한 당시 집들의 구조가 독립된 채를 구성하여 공간이 나누어졌음을 확인할 수 있다.

▶ 백제

고구려와 비슷한 것으로 전해지며 기후가 온난하고 주거지는 대개 산중턱에 자리 잡고 살았다는 기록이 있다. 저절로 따뜻해지므로 돌석이라 하였다는 기록으로 보아 고구려의 장갱이 백제의 주택에 전파되었을 것으로 보인다.

::
백제 시대의 주택을 재현한 것이다.
::

1 『구당서』「동이전」「고구려조」에는 모두 긴 고래(장갱)를 만들어 밑에 불을 때어 따뜻하게 한다는 기록이 등장한다. 장갱이란 온돌의 초기 형태로서 부분 온돌, 쪽구들이다.

::

백제 시대의 귀족 주택을 재현한 것이다. 귀족의 집은 여러 채의 건물로 구성되며, 건물은 회랑으로 연결된다. 규모가 크고 내부에 여러 개의 방으로 분화해 퇴칸을 두었다. 방의 기능에 따라 구조체계를 달리하고 있다.

::

::

서민의 살림집이다. 구들(온돌)을 사용한 토담집의 형태다.

::

▶ 신라

기후가 따뜻한 지방이므로 상류 주택은 고구려와 같은 평상 위에서 생활하였을 것이며, 일반 주택은 보통 흙바닥이었을 것으로 추정된다. 신라의 주택에는 고상식 마루 구조가 있었다고 전해진다. 또한 서민들의 집도 지상주거로 발전했고, 풀로 이은 지붕과 움집도 여전히 있었음을 알 수 있다.

3) 고려 시대

일반 백성들의 집은 움집 형태였고 귀족 계급만 기와집을 짓고 살았다. '빙돌'이라는 온돌이 있었으나 귀족 계급이나 왕궁에는 온돌이 없었던 것으로 전해진다. 일반 백성들은 대부분 흙침상을 만들고 땅을 파서 아궁이를 만들어 그 위에 누웠다는 기록으로 보아 고구려의 장갱과 같은 난방 방식을 사용하였음을 알 수 있다. 또한 '욱실(燠室)'이라는 온돌방과 '양청(凉廳)'이라는 마루가 건축되었음이 기록으로 전해진다.

4) 조선 시대

사회적 지위와 재력을 고루 갖추었던 조선 시대 상류층의 솟을대문이 있는 주택을 상류 주택이라 한다. 이들 상류 주택은 경제적 여유가 있었던 사람들이 지었으므로 규모가 컸으며 주택의 장식에도 섬세하게 신경을 많이 써서 대개의 상류 주택은 주택의 기능적인 면뿐 아니라 예술적으로도 가치가 있다. 그러나 신분이 좀 낮은 농민이라도 재력이 있다면 규모가 큰 중류 주택에서 살았으며, 사대부나 양반과 같은 상류층 중에서도 경제력이 없거나 안빈낙도의 선비정신을 중히 여겼던 사람들은 검소한 서민 주택에서 살았다.

대문/문간채 　　　　사랑채
곰웅
윤
행랑채 　　　　　　별채
사당　　안채

::

조선 시대 상류층 가옥인 한규설 대감의 집이다. 앞마당을 중심으로 안채, 사랑채, 행랑채가 배치되어 있는 폐쇄적 공간이 특징이다. 안채 뒤나 옆 주택의 여러 건물과 분리하여 별당을 구성했고, 대문에서 가장 먼 쪽에는 조상의 위폐를 모시는 사당이 있다.

::

조선 시대 상류층 가옥인 한규설 대감의 집이다. 앞마당을 중심으로 안채, 사랑채, 행랑채가 배치되어 있는 폐쇄적 공간이 특징이다. 안채 뒤나 옆 주택의 여러 건물과 분리하여 별당을 구성했고, 대문에서 가장 먼 쪽에는 조상의 위폐를 모시는 사당이 있다.

민가(民家)란 백성의 집이란 뜻이지만 일반적으로 중하류층의 일반 서민들이 살았던 집을 말한다. 초가지붕은 민가를 상징할 정도로 가장 흔히 쓰인 서민 주택의 지붕 형태이다. 민가의 형태는 지형, 기후적 여건, 지방의 경제 상태 등에 따라 규모나 건물 배치 방식이 달랐으며 특히 기후의 영향으로 지방마다 각기 다른 특색을 지닌다. 서민들은 경제적으로 풍요롭지 못했으므로 주택을 지을 때도 장식적인 면보다는 기능적인 면을 더 중시하여 대부분 방과 대청, 부엌으로 구성된 단순한 구조로 구성됐다.

::

조선 시대 북부 지방의 서민 주택이다. 田자형의 폐쇄적인 가옥 형태로, 방과 방을 직접 연결했고 마루가 없다. 겨울철에도 실내 활동을 할 수 있도록 설계했다.

::

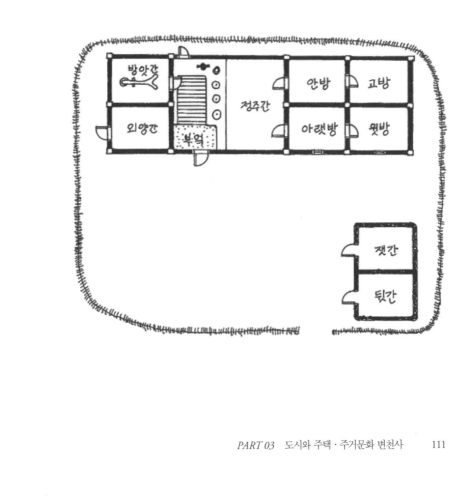

::

중부 지방 조선의 서민 주택이다. ㅡ, ㄱ, ㄷ
자 등으로 다양하나 ㄱ 자가 가장 보편적이
었다. 안방과 건넌방 사이에 넓은 대청마루
가 있다. 서울형의 경우 대개 ㄷ, ㅁ 자형으
로 폐쇄적인 도시형 가옥 구조를 보인다.

::

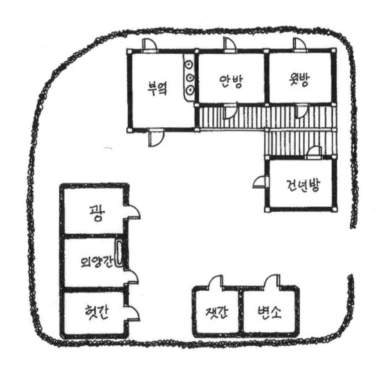

::
남부 지방 조선의 서민 주택이다. 一 자 형태
의 개방적 형태로 넓은 대청과 툇마루가 있
어 마루의 기능이 매우 다양했다. 여름철을
대비하여 방과 방 사이에 대청마루가 있다.
::

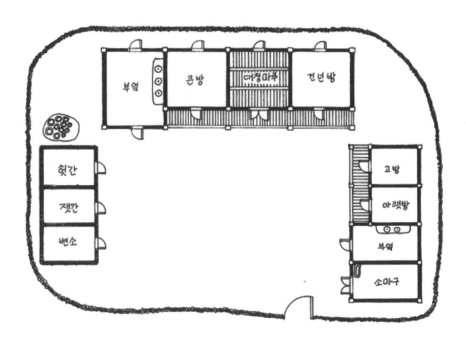

::

조선 시대 제주도 서민 가옥의 모습이다. 온돌 구조로 서측은 부엌과 작은 구들로 구성했고 동측은 큰 구들과 고팡(곡식이나 물건을 저장)으로 구성했다. 큰 구들은 부모, 작은 구들은 자녀들의 공간이었다.

::

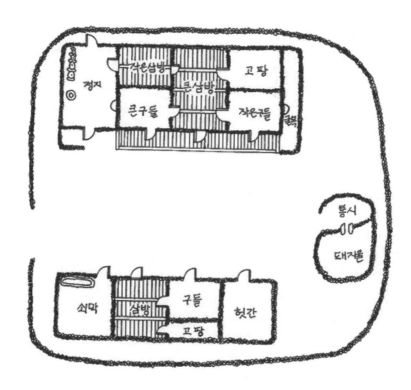

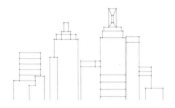

3. 근·현대 주거 생활의 변화

1) 조선 시대

조선 사회는 신분제 사회, 유교 사회로서 주택의 배치 계획이나 주택의 규모, 구조재, 기둥 형태, 마감재 등에 제한이 있었다. 주택은 채와 간(間)의 분화를 특징으로 한다. 주택 전체는 안채 · 사랑채 · 행랑채 등의 채로 분화되고, 다시 안방 · 마루방 · 건넌방 등의 간으로 나뉜다. 채의 분화는 엄격한 남녀 구별과 위계적 신분차별 의식에 따른 것이었다.

서민 주택은 농업 · 공업 · 상업에 종사하며, 조세와 군역의 의무를 지는 일반 평민들의 주택으로서 빈약한 모습을 띤다. 중류 주택은 중인 계급과 이들보다 한 단계 낮은 군교, 서리 등의 주택을 말한다. 상류 주택은 현직 관료와 향반의 주택이다. 유교적 윤리관의 영향을 많이 받은 주택일수록 남자의 생활공간인 사랑채와 여자의 생활공간인 안채 사이에 담을 치고 문을 달아 엄격히 구분하였으며, 변소도 안채용의 내측과 사랑채용인 외측의 두 개가 있어 남녀를 구별하였다.

2) 개화기

개항 이후부터 주택은 부단히 외래문화와의 접촉을 통하여 변화해 왔으며, 각 계층의 경제적 능력의 차이와 의식체계의 차이에 따라 각기 다른 모습을 보인다.

이 시대 상류층 주택은 신분제의 붕괴, 외래문화의 영향 등으로 식사용 · 접객용 · 가족용 마루가 각각 분리된 한양(韓洋) 절충식과 복도 · 다다미방 · 욕실 · 화장실이 실내에 설치된 한일(韓日) 절충식이 나타났다. 이때부터 대청이 독립된 마루방 혹은 복도의 기능을 갖기 시작했다.

중류 주택에서는 신분제의 붕괴로 가옥 규모의 제약이 없어지게 되자 전통한옥에서 상류 주택이 갖고 있는 규모나 형식을 모방하여 각종 공간의 수가 많아지고 규모도 커졌다. 대부분의 서민 주택과 농가에서는 전통 한옥에 대한 애착과 생활 여력의 부족으로 과거의 한식 주택을 그대로 사용하였다.

3) 일제 시대

일본식으로 해석된 서양문화와 일본의 문화가 들어오면서 주택도 일본식의 영향을 많이 받았다. 이 시대의 새로운 주택 유형은 문화주택(상류층), 개량한옥(중류계층), 영단주택(하류계층)으로 분류된다.

▶ 문화주택(상류층)

문화주택은 외래 주택양식과 전통 주택양식 사이에서 갈등을 겪던 이 시대의 건축가들에 의해 계획안이 제시되었고, 1920년대 후반부터 상류층의 주택 수요가 증가되면서 건축가들의 작품이 실제 건물로 지어졌다.

문화주택은 대개 중정식 배치보다는 집중식 평면이었고, 재래식 주택에 서양식이나 일본식을 덧붙이거나, 전적으로 서양식 또는 일본식을 모방하는 경향이었다. 따라서 평면 형태는 식당, 욕실, 변소 등의 시설을 내부에 갖춘 집중식 구성을 취해 생리 위생공간이 주택 안으로 들어왔음을 알 수 있다.

::
이준 저택. 운현궁 양옥. 1912년.
::

::
청주탑동양관 제6호. 청추 최초의 근
대병원인 던컨 기념병원. 청주시민들
은 소민병원으로 불렀다. 1912년 미
국인 던컨 부인 건립. 현재는 일신여
고의 학교보건실로 사용하고 있다.
::

::
청주 지역의 서양 선교사 건물인 양관
4호 포사이드 기념관. 1907년. 지하
1층 지상 2층. 511㎡. 한식 지붕층의
채광과 환기를 위해 둥근 서까래용 목
재로 도머창을 만들었다.
::

    문화주택에서는 북측 현관 옆에 욕실과 화장실을 각각 분리하여 설치
하였으며, 출입은 복도를 통해 하도록 하였다. 그러나 이들 문화주택
작품은 그 수요계층이 일부 상류층에 한정되었다는 점과 근대 건축교육
을 받은 건축가들이 주도했다는 점 등으로 인해 경제력을 갖추지 못한

대다수의 중하류 계층에는 영향을 미치지 못했다. 하지만 문화주택은
점차 보편적인 주택 유형으로 확산되었다.

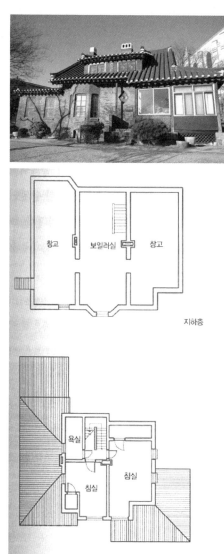

::

스위처 주택. 1910년. 대구시 중구 동산동. 백돌
조적조. 지하 1층 지상 2층. 외벽은 벽돌로 마감하
고, 한식기와를 얹어 기묘한 절충식 방갈로가 탄
생했다. 우측 전면 부분은 후대에 증축된 부분으
로 추정된다. 정면에서는 성돌에 의한 지하층 부
분과 벽돌로 된 베이 윈도(bay window, 퇴창)를
볼 수 있다. 1층에는 외부의 여러 곳에서 주택 내
부로의 진출입이 이루어졌고, 2층에는 2개의 침실
및 욕실이 있다.

::

▶ 개량한옥(중류층)

1930년대를 절정으로 개량한옥이 급증하게 된 이유는 당시의 개량한옥은 중류 계층의 대표적인 주택업자가 주택의 수요 유지와 투자 횟수를 고려하여 개량한옥을 건설한 것이 아직 보수적인 사고와 생활양식에 젖어 있던 일반 서민에게 잘 맞았기 때문이다.

개량 한옥은 평면에서는 전래 민가형을 취하였지만, 형태에서는 상류 주택을 모방하면서 간소화되는 경향을 띠었으며, 개인의 기호보다는 계층 지향적으로 대량 공급되었다. 개량 한옥의 위생공간은 조선 전통 주택의 형태와 별로 다를 바 없어 중정을 중심으로 행랑채 끝이나 대문 옆에 화장실을 두었다.

▶ 영단주택(하류층)

영단주택은 일본인들이 대량으로 이주하고, 식민지 정책으로 생활수준이 낮아지면서 건립되었다. 1920년대부터는 농촌의 피폐화로 인구가 도시로 집중되었는데, 이로 인해 도시의 주택 부족 현상은 해가 갈수록 심화되었다. 총독부는 주택의 대량 공급을 위해 1941년 조선주택영단을 설립하였고, 동시에 2만 호 건설을 목적으로 하는 주택 건설계획을 세워 공사에 착수했다.

당시 계획된 다섯 종류의 표준 설계도면은 계층별로 중 · 상류 계층에서 서민까지를 대상으로 일본식 개량주택에 한국식 온돌을 가미한 간략화된 평면 형태를 갖추고 있었다. 규모가 큰 甲(20평), 乙(15평) 주택은 주로 일본 관리나 직원들을 위한 것이었으며, 한국인 산업근로자나 서민들은 주로 丙(10평), 丁(8평), 戊(6평) 주택에 입주하였다.

4) 해방 이후 1960년대까지

식민지로부터 해방된 이후, 우리의 생활양식에 맞는 주택을 만들어가야 한다는 과제가 주어졌다. 하지만 분단과 전쟁 등 혼란 속에서 편리한 기능을 추구하는 경향으로 인해 점차 입식 위주의 서구식 생활양식이 도입되었다. 그리고 이는 전통적 생활양식과 마찰을 일으켰다.

건축가들에 의한 현상 설계 주택도 서구식 거실 중심의 주거 공간 개념을 도입하여 평면 중앙에 거실을 두고 좌우에 온돌방을 배치하고 부엌 · 욕실 · 변소는 내실로 들어오게 하며, 북측에 현관을 두는 등 많은 변화가 있었다. 상류 · 중류 주택에서는 동선 처리를 기능적으로 하고, 거실과 부엌의 바닥이 같은 높이가 되도록 하였다. 서민층 주택은 재래한옥과 집합주택 형태로 나타났다. 재래한옥은 대부분 겹집구조로 되어 있었으며, 해방 직후 목조에서 흙벽돌이나 시멘트 블록조로 변화하였다.

1941년 조선주택영단에 의해 지어지기 시작한 공사주택(1954~1957)은 해방 이후 사회적 · 정치적 불안정 속에서 더욱 가속화된 주택난을 해소하기 위해 정책적 차원에서 지속적으로 대량 공급되면서 도시 서민 주택으로 확산되어 갔다.

또 한국전쟁 이후에는 전란으로 인한 폐허를 복구하는 차원에서 구호성 주택이 많이 건설되었는데, 주로 외국의 원조에 의해 건립된 재건주택 · 희망주택 등으로 불리는 집합주택이 여기에 해당한다. 대부분 온돌과 마루 구조에 거실, 부엌, 변소가 서로 인접하여 실내가 구성되었다. 이들은 전쟁 후 과도기에 급조된 주택으로, 대부분 채광 · 위생 등은 전혀 고려되지 않고 최소한의 기본 조건만을 갖추고 있어 생활에 불편한 점이 많았다.

이들 주택은 전체적으로 면적이 작았기 때문에 욕실은 설치되지 않았고, 변소는 대부분 본채와 통합되었다. 그러나 개량되지 않은 변소는 위생상 매우 불결한 환경을 야기하여 1954년의 재건주택에서는 출입을 외부에서 하도록 계획하였고, 실내에서 출입하는 경우에도 소변소 등의 전실을 통하도록 하여 직접적인 출입을 피했다. 또 위치도 주로 북쪽에 두어 동북을 면하고 있는 부엌과는 시각적으로 완전히 분리되었다.

민영주택(1957~1962)은 공사주택과 비교해 볼 때 새롭고 혁신적인 특징을 갖는다. 화장실을 모두 바깥에서 출입하게 되어 있었고, 욕실은

소규모 주택을 제외한 대부분의 주택에 설치되어 있었으나 특별한 발전
은 없었다.

5) 1960년대

이 시대 주택의 특징은 거실 중심의 개방적 구성과 침실 간의 프라이
버시 확보를 위한 폐쇄적 구성이 혼재하는 공간의 기능적 분화라고 할
수 있다. 또한 새로운 재료와 공법의 발달로 주택 내부의 기둥이 제거
되어 평면 형식이 자유로워졌다.

서민주택 가운데 단독주택은 여전히 재래 한옥의 기본 특성을 그대로
지니고 있어 화장실과 욕실이 대문간에 위치하고 안방 전면에 부엌이
위치하였다. 개량된 재래한옥에서는 부엌과 욕실이 서로 인접하였다.
서민층 아파트에서는 부엌의 입식화나 욕실 설치가 미비하였으나 입식
생활을 지향하는 서구의 공간 개념이 나타나 부엌과 욕실이 한곳에 모
이는 현상을 볼 수 있었고, 연탄온돌 또는 연탄보일러의 개별난방방식
이 채택되었다.

중상류층 주택에서는 가구 면적의 증가 등으로 주택의 규모가 커졌
다. 또 온수난방 방식의 집중난방으로 인해 자유로운 공간 구성이 가능
해졌다.

소위 흙벽돌 주택 시대를 지나 1958년부터 시멘트 블록조로 접어들면서 규모나 내용면에서 전환점이 이루어졌다. 공사주택(1958~1968)의 10평 정도였던 규모는 대체로 12평 이상 20평까지 확대되었고, 공간의 기능도 훨씬 합리성을 띠게 되었으며, 욕실을 갖추어 주택의 규모를 보이기 시작했다. 마포아파트가 건설된 1962년부터는 단독주택 중심에서 벗어나 토지의 효율적 이용을 위한 아파트가 공사주택의 주류를 이루게 되었다.

6) 1970년대

그동안 지속된 경제성장과 산업화로 토지의 수요가 크게 늘어나면서 지가가 급속히 상승하였다. 대도시에서는 지가를 절감하기 위해 토지 이용을 극대화하는 고밀도 주택 형태인 고층아파트가 많이 건설되어 복도식에서 계단식 아파트로 바뀌었으며, 고층아파트 · 연립주택 · 고급맨션 · 빌라와 같은 다양한 집합주거형태가 출현하였다. 경제성장에 따른 소득의 증가는 주거 면적을 증가시켜 호당 건축 면적이 크게 늘어났으며, 서구식 시설과 설비로 주거의식과 주거양식에 변화를 가져왔다. 특히 아파트는 이전에 없던 다용도실과 발코니를 갖추게 된다.

서민주택은 거실 중심의 배치를 갖고 있었으나 1960년대에 비해 큰 변화는 없었다. 중상류 주택은 생활공간의 수평 · 수직분화가 일어나 창고, 보일러실과 각 층을 연결하는 계단 복도 등 미니 2층형이 생기면서 임차용 지하 공간이 포함되었다. 상류 주택에서는 욕실이 두 개 있는 평면형이 등장하였다.

7) 1980년대

1980년대 주거 형태의 특징 가운데 하나는 자연증가와 핵가족화에 따른 가구 수의 급증과 도시화에 의한 인구의 도시 집중 현상 등으로 도시의 주택 부족 현상이 가중되어 초고층 아파트가 출현했다는 점이다. 1970년대의 주택정책이 주로 양적 공급에만 치중하였다면, 1980년대의 주택정책은 질적 문제에도 관심을 가졌던 것이라고 할 수 있다. 이때부터 건축 자재의 고급화와 다양화가 이루어졌다.

서민 주택은 1970년대의 평면이 유지되면서 거실이 가운데 위치하는 형태가 계속되었다. 아파트의 경우는 중앙공급 난방 방식이 증가하였고, 서민 주택에서는 연탄보일러식이 주종이었으나 기름보일러로 점차 바뀌었다.

상류 주택의 특성인 2층 구조와 2개의 욕실 평면형이 중류주택까지 파급되었다. 1985년에 다세대주택법안이 통과되면서 1970년대의 미니 2층식 구조의 지하 임차 공간이 없어지고 외부 계단을 설치하거나 출입구를 분리하는 방법 등으로 2층으로 분리된 단독주택 형태의 임차 공간이 형성되었다.

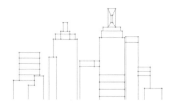

4. 서양의 주거 변천 과정

1) 고대

가장 오래된 주택은 아시리아와 이집트의 유적에서 볼 수 있다. 이집트에서는 햇볕에 건조시킨 흙벽돌을 쌓아 벽을 만들고, 그 위에 마른 풀을 엮어 얹은 후 흙을 발라서 천장을 만들었다. 벽면은 기후 조건으로 인하여 창을 최소한도로 뚫음으로써 내서(耐暑) 효과를 노렸다.

아시리아 지방에서는 중정(中庭)을 둘러싸고 여러 개의 방을 2~3층으로 배치하였다. 이 지방은 대체로 지대가 낮고 습하여 건물은 높은 단을 쌓고 그 위에 세웠다. 건축 재료로는 흙벽돌이 주로 사용되었고, 특수한 장식적인 부분에는 유약을 칠한 타일이 주로 사용되었다.

미케네 시대(BC 1600~BC 1200년경)의 페르시아와 크레타섬에서도 역시 흙벽돌로 벽체를 만들어 방을 구성했으며, 벽돌에 유약을 칠한 테라코타로 차양을 만들어 단 특징이 있다.

로마 시대의 주택은 페르시아의 것을 많이 모방하였으나, 석재와 벽돌을 재료로 쓴 점 외에 석회 모르타르로 굳힌 콘크리트를 사용한 구조적인 특징이 있다. 이 전형적인 주택은 중정을 둘러싸고 거실 · 식당 · 욕실 · 침실 · 객실 등을 설치하여 호화스럽게 구성되었으며, 도시에서의 일반 주택은 3~4층의 아파트 형식이 많았다. 그러나 지방에서는 여전히 나뭇가지와 흙을 재료로 한 주택이 일반적이었다.

2) 중세

중세 서양의 가정생활은 경제의 발전으로 더 풍부해졌으나, 전쟁과 도난과 같은 사회적 여건은 주거 형식에도 영향을 미쳤다. 귀족 계급들은 외적의 침입에 대비하여 돌이나 벽돌 등의 재료로 두꺼운 외벽을 만들고, 외부 창문은 아주 작게 내었다. 주위의 울타리에는 방어벽 형식으로 총안(銃眼)을 내었고, 가족의 거실과 침실은 2~3층에 두었으며, 1층과 지하실에 하인의 숙소와 창고를 두었다.

도시의 가로 주변에는 성벽을 쌓았으며, 성벽 안의 한정된 지역에서의 주택은 자연히 3~4층의 입체적인 형태를 지니게 되었다. 이들 주택에는 1층에 큰 홀 · 점포 또는 작업장을 배치하고, 그 위층에 거실을 두었다.

당시의 일반 주택들은 아직 난방이 부족하였고, 또 위생 처리 등의 문제가 완결되지 못하였기 때문에 전염병이 창궐할 경우 큰 피해를 입었으며, 주로 목재를 사용한 서민 주택에서는 화재가 발생하면 그 피해가 막심하였다. 1666년에 있었던 '런던 대화재' 참사 이후부터 도시의 주택은 석조나 벽돌구조로만 건축되었다.

북유럽에서는 기후와 풍토의 영향에 따라 대체로 옥내 생활(屋內生活)이 중심이 되면서 매우 장식적인 실내 공간을 꾸미게 된 반면, 옥외 생활이 많은 남유럽에서는 비교적 소박하게 건축하였다.

3) 근대

르네상스 이후에는 어느 정도 기후와 풍토의 조건을 극복할 수 있게 되었고, 특히 도시주택이 크게 발달하였는데, 페르시아나 로마의 고전적인 양식이 다시 반영되었다. 17세기에 판유리가 생산되자 주택양식은 크게 변화하여 채광이 훨씬 좋아졌고, 방의 기능적인 분화가 확연해지면서 가구의 종류도 다양해졌다.

자본주의의 특성인 개인주의적인 경향이 점차로 짙어지면서 외관과 실내에는 바로크나 로코코 양식의 섬세하고 화려한 기교 위주의 장식적인 주택이 건축되었다. 그러나 산업혁명 이후 공업의 발달이 가져다준 급수 · 가스 · 전기 등 설비의 보급은 더 능률적이고 위생적인 공간을 가지게 하였다.

▶ 제1차 세계대전 이후

제1차 세계대전 이후의 긴축 경제하에서 생활의 합리화와 경제성이 요구되었고, 세계적으로 보급된 철과 콘크리트 등 건축 재료의 혁명, 채광 · 조명 · 음향 · 환기 등 설비의 발달은 건축을 훨씬 기능적인 구조로 발전시켰다.

독일의 바우하우스에서는 이러한 새로운 경향에 맞추어 건축의 조형 (造形)을 교육시켰다. W.그로피우스는 기능성 · 합리성 · 표준화를 건축의 기본적인 개념으로 삼았고, 르 코르뷔지에는 기능적일수록 아름 다운 형태를 이룬다는 기능주의적 건축을 발전시켰으며, F.L.라이트는 유기성에 입각한 공간 구성의 개념 등으로 많은 작품들을 제시하였다.

▶ 제2차 세계대전 이후

제2차 세계대전 후에는 경금속 · 합성화학 재료의 발달로 공장 생산 의 제품이 활성화되고, 마침내는 대량 생산에 의한 조립식 주택이 출현하였다. 그러나 이러한 획일적인 기능성 우선의 건축에 대한 비판이 대두되어, 근년에는 기능성과 더불어 인간적 공간, 지역적 · 풍토적 특수성의 존중을 추구하면서 주택건축의 또 다른 양식을 형성시키고 있다.

5. 북한의 주택 현황

평양에는 '동거살이'를 하는 사람들이 많다. 남녀가 함께 산다는 뜻이 아니라, 두 세대가 한집에 사는 경우를 말한다. 방이 3개 정도 되는 집에 식구가 적으면 대개 동거 세대를 받게 된다. 보통 같은 직장 사람끼리 '한 지붕 두 가족'을 이루게 된다. 동거 가족을 받는 게 의무는 아니지만 직장의 당 책임비서가 조용히 불러 "새로 온 ○○가 아직 집을 배정받지 못해 고생하고 있는데 함께 살면 어떻겠느냐?"고 물으면 거절하기가 쉽지 않다.

북한도 주택난이 심한데, 특히 평양이 심각하다. 북한에서는 개인이 집을 짓거나 소유할 수 없고 국가가 필요한 사람에게 배정하게 돼 있지만 수요를 충족시킬 수 없는 형편이다. 평양에서는 결혼 후 빨라도 2~3년은 지나야 방 한 칸에 부엌이 달린 집을 배정받을 수 있다.

그래서 10년이 넘도록 집을 배정받지 못해 분가를 못 하고 부모에 얹혀사는 젊은 부부들도 적지 않다. 남의 집에 동거살이를 하고 있으면 집 배정에서 다소 유리하기 때문에 남의 집 곁방살이를 마다하지 않는다. 임대료 같은 것은 물론 없지만 주인에게 인사치레는 해야 한다.

평양의 주택관리는 인민위원회 도시경영총국 주택배정과에서 담당한다. 집 배정의 권한을 갖고 있어 노른자위 부서로 통한다. 그러나 중앙당간부들이 사는 최고급 아파트인 창광아파트 같은 곳은 중앙당에서 직접 관리한다.

지방의 주택 사정은 평양에 비해 한결 낮다. 시 · 도 · 군 인민위원회 도시경영과에 주택 배정을 신청하면 접수 순서와 사정이 급한 순서를 고려해 결정하게 된다. 이 과정에서 집안 배경과 뇌물도 적잖은 영향을 끼치는 게 사실이다.

한번 집을 배정받으면 대개 평생 살게 된다. 직장이 바뀌어 이사를 갈 경우는 물론 새로 집을 배정받지만, 같은 지역에서는 직장의 직위가 바뀌었다고 해서 집을 바꾸는 일은 거의 없다. 집의 규모가 대개 비슷하기 때문이다.

농촌이나 도시 변두리의 서민들이 사는 집은 '하모니카 집'이라고 불린다. 방 하나에 부엌이 달린 집들이 단층으로 3~4채씩 연이어 붙은, 북한식 연립주택이다. 대개 신혼부부나 식구가 3명 이하인 가족들이 산다. 텃밭도 평수를 똑같이 나누어 옥수수나 채소를 심는다. 방음이 제대로 안 되어 옆집에서 하는 이야기를 다 들을 수 있어 이웃 간에 비밀이 없다.

일부 지역의 모범 농장에는 '문화주택'이 건설되기도 하는데, 방 2개에 부엌과 창고가 달린 단독주택으로 마당도 널찍하다. 북한의 선전 자료에 자주 등장하지만 농촌의 보편적인 주택이라고 할 수는 없다.

평양이나 도시에서는 아파트나 단독주택이 일반적이다. 비록 소유권은 없지만 한번 배정받으면 평생 '내 집'이기 때문에 북한 사람들이 집을 꾸미고 가꾸는 애착은 남한 못지않다. 몇 년씩 기다리다 내 집을 장만하면 눈물이 나도록 기뻐한다. 도배를 하고 장판을 깔고 나면 이웃들이 와서 축하해 주고 집을 꾸밀 선물을 건네기도 한다.

북한에서 집을 사고파는 일은 있을 수 없지만 주택난이 심각해지면서 1985년경부터 암암리에 사실상의 매매 행위가 일어나기도 했다. 가령 평양 광복거리에 노동자들을 위한 새 아파트가 건설됐는데, 돈 많은 재일교포 출신들과 당 간부들이 입주 대상자들에게 외화나 가전제품 등을 주고 도시경영과 간부와 짜고 집을 바꾸는 일이 많았다. 몇 년 지나고 보니 아파트를 배정받은 노동자들은 거의 없어지고 말았다고 한다.

당국에서 주택 불법 매매에 대한 강력한 단속을 벌이기도 했지만 좀체 사라지지 않고 있는 실정이다. 평양의 경우 방 한 칸에 400달러, 방

3개에 거실 달린 아파트는 1,500달러 정도면 '매입'이 가능하다고 한다. 최근에는 지방에서 개인이 집을 짓는 일도 적지 않다고 한다. 그래도 소유권은 국가가 갖기 때문에 당국에서도 적극적으로 단속하지는 않는다.

PART
04

건축 환경과
콘크리트의 유해성

콘크리트가 없었다면 현재 인류가 구축한 문명의 거의 모든 형태가 불가능했을 것이다. 도심을 가득 채운 빌딩과 도로, 상하수도 배관과 전신주, 다리에서 활주로까지. 하지만 이렇게 고마운 콘크리트가 당국의 허술한 규제와 감독으로 인해 인체에 치명적인 혼합 쓰레기로 만들어지고 있다. 이에 대한 현상과 원인, 그리고 대책을 소개한다.

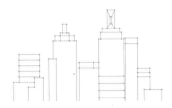

1. 우리가 머무는 집 안은 안전한가?

현재와 같은 효능의 콘크리트는 1824년 영국 조지프 애스프딘(Joseph Aspdin)이 발명했다. 인조석의 특허를 낸 그는 '콘크리트 인조석'이 당시 영국에서 자주 사용하던 포틀랜드석과 닮아 있어 '포틀랜드시멘트'라고 명명했다. 이후 1824년 템즈강 바닥 터널 공사에 그의 제품이 사용되면서 콘크리트는 널리 알려졌다.

하지만 콘크리트는 실제로 고대 로마 때부터 사용한 것으로 밝혀졌다. AD 2세기에 지어진 로마의 판테온(Pantheon)은 화산재를 반죽해서 만들었다. 현대의 건축가들도 인류 최고의 건축물로 손꼽는 이 '빛의 성전'은 2천 년이 지난 지금까지도 여전히 튼튼하게 서 있다.

콘크리트는 단단하고, 어떤 형태로도 만들 수 있었기에 기존의 건축 기법들은 콘크리트 건축 이후에 서서히 소멸되어 갔다. 생산성도 대단히 뛰어났다. 시멘트에 물과 모래, 자갈, 쇄석 등을 섞어 반죽하면 단단하게 굳었기에 형틀에 붓고 양생만 하면 원하는 형태를 뽑아낼 수 있었다. 그래서 현대 건축의 특징이라고 할 수 있는 정밀성과 표준화 공정에 더없이 유리했다.

과거 유럽의 대리석 건축기법은 고도로 숙련된 장인이 숙련공과 함께 작업해야 했기에 제작 단가도 비쌌고, 무엇보다 기간이 오래 걸렸다. 합리적 근대건축의 효시라고 불리는 프랑스 건축가 르 코르뷔지에(Le Corbusier)와 브라질 니마이어(Niemeyer)의 콘크리트 사랑은 유명하다. 니마이어는 1960년대의 브라질 수도 브라질리아아시의 국회와 대성당 등의 랜드마크를 콘크리트로 건축했다.

1920년대 이후 거의 모든 건설 현장에서 사용되던 콘크리트의 문제점은 1980년대 이후 본격적으로 밝혀지기 시작했다. 특히 당시 상당한 인기를 끌던 'Transite'라는 콘크리트 제품은 시멘트와 석면보드를 혼합한 제품이었는데, 당시 건축가들은 이 제품을 벽과 지붕, 천장 등의 건축물 마감재로 즐겨 사용하곤 했다. 특히 높은 내열성과 화재 예방 성능으로 인해 당시에는 '강하고 안전한' 제품으로 널리 홍보되었다.

문제는 이 콘크리트 배합 성분의 50%가 석면이었다는 것. 가장 유명한 사례는 전 미국 하원의원의 아내 수잔 벤토의 암 투병 사건이다. 그녀는 1999년 암의 일종인 중피종 진단을 받았는데, 이는 Transite 제품이 시간의 경과에 따라 석면 가루를 공기 중에 내뿜게 된 것이 발병 원인이었다.

그리고 이후 환경과 관련한 과학기술이 발전하면서 콘크리트 첨가제에 발암물질이 자연적으로 또는 인위적으로 배합된다는 사실이 밝혀지기 시작했다. 토양과 암석을 채취할 때 부산물로 라돈이 섞이거나 콘크리트 경화제에 포함된 크롬이 화학반응을 일으켜 크롬 산화물인 6가 크롬(Cr^{6+})을 방출하는 현상도 발견할 수 있었다.

콘크리트 제작 공정에서 필연적으로 발생하는 이산화탄소 배출은 논외로 하더라도 거주자에게 직접적으로 유해한 물질들은 현재 어떻게 관리되고 있을까? 환경과 보건에 대한 기준이 엄격해진 만큼 이러한 유해물질들은 제작 과정에서 모두 걸러진 것일까? 실제로 우리가 살고 있는 아파트와 콘크리트로 노출된 카페, 건축물은 현재 안전한 것일까? 필자와 함께 살펴보자.

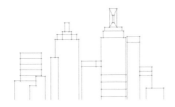

2. 과연 외부보다 내부의 공기가 더 깨끗할까?

대한민국의 건물 중 90% 이상 차지하고 있는 건물이 바로 콘크리트 건물이다.

- 콘크리트: 시멘트 + 모래 + 자갈 + 골재 + 물 혼합
- 시멘트: 석회석 + (점토 + 철광석 + 규석)
- 석면: 섬유상으로 마그네슘이 많은 함수규산염 광물이다. 건축자재, 방화재, 전기절연재 등으로 쓰인다. 현재는 발암물질로 분류.

문제는 콘크리트 주재료인 시멘트에서 발생한다. 쓰레기를 원료로 시멘트를 만들기 때문이다. 이를 쓰레기 시멘트라고 한다. 쓰레기 시멘트란 시멘트의 재료 중 석회석을 제외한 나머지를 타이어 등 쓰레기를 활용한다는 뜻이다. 다음은 시멘트 유해성분을 다룬 두 개의 기사다. 하나는 6가 크롬에 관한 것이고 또 하나는 라돈이다.

【 '아토피 막자' 6가 크롬 함유기준 신설[1] 】

정부는 주택의 바닥과 벽에 쓰이는 시멘트에서 아토피와 암을 유발할 수 있는 '크로뮴(6+)'이 다량 검출된 것과 관련, '크로뮴(6+)'(6가크롬·Cr6+)의 함유 기준을 오는 2008년 30㎎/㎏, 오는 2009년 20㎎/㎏으로 각각 신설하기로 했다.

또한 오는 2008년부터는 해마다 시멘트에 포함된 '크로뮴(6+)'에 대한 분석 결과를 공개하기로 했다. 12일 환경부와 산업자원부 등에 따르면 정부와 업계가 함께 지난해 6월부터 1년 간 시멘트에 6가크롬 등의 중금속 함유실태를 조사한 결과, 국내 시멘트 시료 10개 중 6가크롬 함유량이 20㎎/㎏을 초과한 것은 6개로 함유량 최고치는 51.2㎎/㎏에 이른 것으로 파악됐다.

시멘트 원료 등에 포함된 크로뮴(Cr)이 시멘트 생성 과정에서 산화돼 유해성이 강한 물질인 6가크롬으로 전환되며 6가크롬은 발암성과 접촉성 피부염(자극성 알레르기), 2차 환경오염 유발 물질로 알려져 있다.

이에 따라 환경부는 6가크롬의 시멘트 함유량을 유럽연합(EU)보다 더 강화된 기준을 갖고 있는 일본의 규제 수준에 맞춰 관리하기로 했다. 환경

---

1   "아토피 막자 6가 크롬 함유기준 신설", 파이낸셜뉴스 2006년 9월 13일자.

부는 또 2009년까지 6가크롬의 시멘트 함유량 기준을 산업표준화법에 의한 KS규격 중 '시멘트화학성분 규격'에 반영하도록 산업자원부에 요청할 방침이다.

【 단독주택 4곳 중 1곳··· 1급 발암물질 라돈 '빨간불'

단독주택 〉 연립 · 다세대 〉 아파트 순으로 라돈에 취약

지면과 거리 가까운 집일수록 라돈 영향 많이 받아[2] 】

단독주택 4곳 중 1곳은 실내 라돈농도가 다중이용시설 권고기준(148 Bq/㎥)을 초과한 것으로 나타났다. 국립환경과학원은 2013년 12월부터 2014년 2월까지 3개월 동안 전국 주택 6,648가구를 대상으로 겨울철 주택 라돈 농도를 조사한 결과 이같이 나타났다고 18일 밝혔다.

라돈은 자연 속 우라늄이 핵 붕괴하면서 생성되는 무색무취의 기체로 석면과 함께 1급 발암물질로 관리되고 있다. 주로 건물 바닥이나 벽의 갈라진 틈을 통해 실내로 유입돼 지하 건물의 실내공간은 상대적으로 라돈에 노출될 가능성이 큰 것으로 알려졌다.

2   "단독주택 4곳 중 1곳··· 1급 발암물질 라돈 '빨간불'", 이데일리 2015년 3월 18일자.

조사명	시료수 (개)	초과율 (%, 초과개수)	실내라돈농도 산술평균(Bq/m³)
단독주택	3,440	26.7%, 918	134.1
연립. 다세대	1,595	8.5%, 135	79.2
아파트	1,613	1.8%, 29	56
전체	6,648	16.3%, 1,082	102

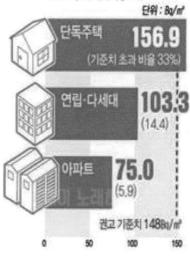

:: 주택 유형별 주택 실내 라돈 현황 ::

(국립환경과학원 제공)

관리 기준치는 1입방미터(㎥)당 148Bq(베크렐)이다. 평생 노출된 흡연자는 비흡연자보다 사망률이 9배 높은 것으로 보고돼 고농도의 라돈은 심각한 피해를 줄 수 있다. 이번 조사에서 6648가구의 라돈 평균 농도는 1입방미터당 102Bq로 스웨덴(200Bq/㎥), 미국(148Bq/㎥) 기준치보다 낮았다. 하지만 16.3%(1082가구)가 기준치를 초과했다.

주택 유형별로는 단독주택 3,440가구 중 918가구(26.7%)가 라돈의 관리기준치를 초과했다. 연립 · 다세대주택은 1,595가구 중 135가구(8.5%), 아파트는 1,613가구 중 29가구(1.8%)만 라돈 기준치를 넘겼다.

이우석 국립환경과학원 생활환경연구과장은 "지면과 가까이 닿아 있을수록 라돈의 영향을 많이 받기 때문에 지면에서 어느 정도 떨어져 있는 아파트의 경우 라돈의 영향을 덜 받은 것 같다."며 "고층에서 나타나는 라돈은 석고보드 등과 같은 건축자재에서 나오는 라돈일 가능성이 높다."고 말했다.

실내 라돈 농도를 줄이기 위해서는 환기가 최선이다. 이우석 과장은 "실내 라돈 농도는 주기적으로 환기를 시켜 주면 농도를 낮출 수 있다."며 "겨울철이어도 자주 환기를 시켜 줘야 한다."고 말했다.

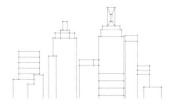

3. 당신이 미처 몰랐던 콘크리트의 실체

1) 시멘트 제품의 성분 검사

▶ 시멘트 제품 발암물질과 중금속 성분 검사[1]

(단위: mg/kg)

	중국산 시멘트	국내산 시멘트 제품군 비교						
		A	B	C	D	E	F	G
Cr^{6+}	불검출	41.0	29.0	33.0	18.0	7.0	10.0	23.0
Pb(납)	36.0	105.0	62.0	350.0	330.0	220.0	18.0	80.0
Cd(카드뮴)	불검출	2.0	2.0	12.0	15.0	4.0	불검출	불검출
Ni(니켈)	14.0	21.0	17.0	15.0	22.0	13.0	49.0	51.0

---

1   2007.10. 한국화학시험연구원 분석 결과

▶ 건축자재 중 석면 함유 물질[2]

구분	제품	석면함유량(%)	조합물(Binder)	비산 여부
벽, 천장	스프레이외장	1~95	포틀랜트 시멘트 실리카 나트륨 고착제	비산 가능
	미장재	1~95	포틀랜드 시멘트 실리카 나트륨	비산 가능
	석면–시멘트 시트	20~50	포틀랜드 시멘트	비산 불가
	Spackle	3~5	석회풀, 카세인, 인공수지	비산 가능
	이음 접합재	3~5	아스팔트	비산 가능
	하드보드 판지	80~85	풀, 석회, 진흙	비산 가능
	비닐 벽지	6~8		비산 불가
	단연, 절연판	30	규산	비산 가능
바닥	비닐–석면 타일	21	폴리염화비닐	비산 불가
	아스팔트–석면 타일	26~33	아스팔트	비산 불가
	바닥용 탄성수지	30	드라이 오일	비산 불가
	매스틱 점착제	5~25	아스팔트	비산 가능
지붕 및 외벽	지붕 펠트	10~15	아스팔트	비산 가능
	펠트 싱글	1	아스팔트	비산 가능
	지붕 싱글	20~32	포틀랜드 시멘트	비산 가능
	지붕 타일	20~30	포틀랜드 시멘트	비산 가능
	외벽 싱글	12~14	포틀랜드 시멘트	비산 가능
	물막이 판자	12~15	포틀랜드 시멘트	비산 가능
파이프 및 보일러	시멘트 파이프	20~90	포틀랜드 시멘트	비산 불가
	블록 단열재	6~15	탄산 마그네슘 실리카 칼슘	비산 가능
	전성 파이프 덮게	50	탄산 마그네슘 실리카 칼슘	비산 가능
	슬레이트	90	실리카 칼슘	비산 가능
	종이 테이프	80	폴리머수지, 풀	비산 가능
	연마제	20~100	진흙	비산 가능

[2] 한국산업안전보건공단 제공

▶ 시멘트업체별 포함됨 폐기물 종류

시멘트 업체	폐기물 종류
동양시멘트	중화석고, 제강슬래그, 석회석, 고령토, 슬러지, 폐석고, 타이어칩, 연소재, 규석, 탈황석고, 천연석고, 유연탄, 주물철, 경석, 재생유, 주물사, 제강철, 합성수지, 파이넥스철, STS슬래그, 혼합철, B-C유, 석유코크스, 합성고무, 폐수처리오니, 폐고무, 폐합성수지, 분진, 오니, 폐주물사, 대체유
라파즈 한라	쉐일, 크린철, 석회석, 중화석고, 규석, 폐타이어, CU-분철, 탈황석고, JAROSITE,주물사, 화학석고, 수재슬래그, 정제유, B-C유, 석유코우크스, 천연석고, 유연탄, Coke dust, Fly ash
성신양회	크린철, 중화석고, 폐합성수지, 제지회사 석탄회, 열병합발전소 석탄회, 경석, 납석, 마사토, 천연석고, 인산정제석고, 탈황석고, 제강슬래그, 수재슬래그, 고로슬래그, 산업계슬러지, 폐고무, JAROSITE, Fly ash, B-C유, 정제유, 석고, 단추가루, 폐수처리오니, 공정오니, 하수건조 슬러지, 대체연료, 건조슬러지, PE, PP, PS+아크릴, 석탄재, R/F, 폐목재
쌍용양회 (동해공장)	폐합성고분자화합물, 괴오타이트, RPF, 혼합철, 폐합성고무, 주물사, 폐타이어, 무연탄 석탄회, 탈황석고, 재생유, 혼합철, 폐합성수지, 쉐일, 규석, 아연슬래그, 진로슬래그, 천연이수석고, 유연탄, 무연탄, 수재슬래그, 석유코우크스, 티탄선고, 정제유, 고분자, 농촌폐비닐, 고형연료, MCA, 폐촉매
쌍용양회 (영월공장)	RPF, 쉐일, 폐합성수지, 규석, 폐타이어, 폐목재, 제지회 가석탄회, 제지회, 혼합철, 탈황석고, 폐고무, 주물사, 재생유, 수재슬래그, 유연탄 석탄회, 유연탄, 무연탄, 석유코우크스, 분진, 열병합발전소 석탄회, 오니, 폐수처리오니, 건조슬러지, 산업계슬러지, 소각재, 점토슬래그, 폐부동액, 농촌폐비닐
아세아시멘트 (제천공장)	경석, 마사토, 동슬래그, 제강철, 분철, 공정오니, 폐타이어, 소각재, 정수오니, 석탄재, 폐합성수지, 폐수처리오니, 폐도자기조각, 석유코크스, 폐주물사, 소각제, 탈황석고, 폐합성고무, 규석, 분진, 자로사이트, 수지류(RM), 화학석고, 입상소석회, 폐플라스틱, 틀라이애쉬, 건분화슬러지
한일시멘트	석회석, 하수오니류, 페트코크스, 경석, 재생사, 탈황석고, 폐타이어류, 폐수오니, 제지슬러지, 석회슬러지, 폐고무류, 합성수지류, 제강슬러지, 고로슬러지, 괴타이트류, 자로사이트, 중화석고, 고로슬래그, 점토, 정수슬러지, 인산정제석고, 건식소각재, 정제카본류, 대체연료유, 유연탄, 공정슬러지, B-C유, 건식연소재, 습식연소재, Fly ash,오니, RPF, 소석회, 분진, 분철, 정수오니, 공정오니
현대시멘트 (단양공장)	도자기조각, 석고, RDF, 폐합성수지, 고무류, 폐타이어, 메탈슬래그, 제지연소재, 경석, 유연탄, 자로싸이트, 납석, 코크스, 방카C유(4.0)(1.0), 경우, 광미, 동슬래그, 분진, 폐수처리오니, 공정오니
현대시멘트 (영월공장)	폐합성고무, 폐합성수지, 석고, 규석, RDF, 메탈슬래그, 소각재, 폐타이어, 경석, 예미철광석, 자로싸이트, 유연탄, 납석, 수재슬래그, 코크스, 방카C유(4.0)(1.0), 경유, 광미, 고형연료, RPF, 탈황석고, 공정오니, 분진

크롬

시멘트 생성 과정에서 석회석이 3가크롬(Cr^{3+})을 다량 함유, 소성 과정을 거치게 되면서 6가크롬(Cr^{6+})으로 변환된다. 6가크롬은 WHO(세계보건기구) 국제 암연구회, 국립보건원, 환경보호협회 및 다른 많은 유관기관들이 발암물질로 규정하고 있다. 크롬화합물은 유독성이고 오랜 기간 노출되면 3가크롬과 6가크롬은 거의 같은 정도의 유독성을 보이며 일반적으로 Cr^{6+}이 더 유해하다. Cr^{6+}은 자극성이 심하며 호흡기의 점막에 심한 장애를 주고 피부를 통해 접촉하면 피부점막을 자극하여 부종 및 궤양 등 피부염을 일으킨다.

라돈

시멘트의 수명은 대략 60~70년인데, 그중 30년 동안 독성을 내뿜는다. 토양이나 암석 등 자연계의 물질 중에 함유된 우라늄(또는 토륨)이 연속 붕괴하면 라듐이 되고, 이 라듐이 붕괴할 때 생성되는 원소로서 불활성 기체 형태의 무색 · 무미 · 무취의 방사성 가스가 '라돈'이다. 콘크리트를 배합할 때 라듐이 많이 함유된 모래와 자갈을 사용했기 때문에 건물 내부에서 많은 수치의 라돈이 검출되는 것이다.

2) 왜 시멘트 회사들은 쓰레기를 사용하는 걸까?

1999년 8월, 폐기물관리법이 개정되면서 시멘트 공장에서 쓰레기 사용이 가능해졌다. 경영위기에 처한 시멘트 회사들을 위해 환경부가 각종 쓰레기를 소각해 시멘트를 제조할 수 있도록 허가한 것이다. 업체는 쓰레기로 돈을 벌게 되었으며, 정부는 시멘트 업체에 기술 개발을 위해 지원하기도 했다. 이것이 바로 쓰레기 시멘트의 시작이다.

후쿠시마 원전 사건 이후, 방사능 오염이 우려되는 일본 고철 수입이 증가하였다. 일본에서 쓰레기 처리비로 많은 돈을 주기 때문이다. 한국 시멘트 기업들이 일본의 쓰레기를 치워 주니 일본은 국토도 청결해지고 쓰레기 처리비용도 절감하는 이중 효과를 본다. 이것은 아주 단적인 예이다. 결국 이 모든 것은 회사의 이윤 때문이다.

3) 시멘트 독성 테스트

::
실험 전의 수조
::

::
좌측 수조에 국
내산 벽돌을 우
측 수조엔 중국
산 벽돌 투입.
시멘트 양은 동
일. 10일간 양생.
::

▶ 시멘트 독성 실험 결과

::
국산 시멘트를
투입한 수조에서
36시간 경과 후
2마리 사망
::

::
중국산 시멘트
의 경우 물고기
상태 변화 없음
::

국산 시멘트와 중국산 시멘트로 동일한 조건하에서의 독성 실험을 진행하였다. 위의 실험은 시멘트 자체의 독성이 얼마나 인체에 유해한 영향을 끼치는지에 대해 예상할 수 있는 실험이다. 콘크리트, 시멘트, 석면은 우리 생활에 아주 밀접하다. 그로 인해 새집증후군, 아토피, 폐암, 콘크리트 스트레스[3]와 같은 문제가 발생한다.

아토피

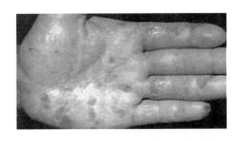

21세기 환경병이라 불리는 아토피는 유아의 18%가 앓고 있다는 통계가 있을 정도로 흔해진 질병이다. 아토피의 원인으로 대부분 집먼지 진드기를 꼽는다. 그런데 최근 알레르기를 유발하거나 아토피를 악화시키는 것이 콘크리트를 비롯한 생활 환경에서 방출되는 크롬이라는 학설이 제기되고 있다.

첩포 검사 결과 아토피로 고생하고 있는 아이들에게 모두 크롬 알레르기 반응이 나타났고, 30명의 건설업 근로자 중 10명이 반응을 보였

3　냉복사(체온을 빼앗아감), 공격적 성향이 두드러지게 됨, 정서불안 유발.

다. 콘크리트에 포함된 6가크롬은 견고하게 굳은 콘크리트에서는 방출되지 않지만, 마모되었을 때 미세분진 속에 다량의 크롬이 함유되어 신체 내로 침투하게 된다. 체내 면역세포들은 생활 속에서 크롬에 자극받았을 때 각종 암 및 피부질환을 유발한다.

폐암

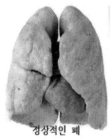
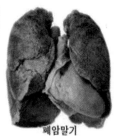

경상적인 폐　　　　폐암말기

건물 환경으로 인한 폐암의 원인으로 가장 크게 지목되는 성분은 라돈이다. 콘크리트 건축 재료는 방사능을 방출하는데, 그것이 일명 라돈(radon)이라는 것이다. 이 과정은 자연계의 라듐이 라돈으로 변화될 때 방사선을 방출시키며 일어난다. 라돈 기체를 흡입한다면 라돈이 붕괴되며 폴로늄(polonium)이 되어 폐나 기관지 점막에 부착되어 붕괴되면서 강한 방사선을 계속 방출하게 된다. 방사선에 노출된 세포가 변이를 거쳐 폐암 세포로 변이되는 것이다.

4. 이렇게 문제가 많은데, 왜 큰 이슈가 되지 않을까?

시멘트 회사의 꼼수

환경부의 환경안전 기준은 "시멘트 내의 Cr^{6+}이 2^{PPM} 이내면 안전하다."는 것이다. 최근 환경부의 국내 시멘트 분석 결과에 따르면, 발암물질 Cr^{6+}이 거의 검출되지 않고 있다. 정말로 이제는 국내 시멘트가 안전해져서 믿어도 되는 것일까?

그렇지 않다. 시멘트 제조 기업들은 환경부의 주기적인 검사를 통과하기 위해 꼼수를 부린다. 환경부의 시멘트 발암물질 검사에서 Cr^{6+}이 검출되지 않도록 시멘트에 약품을 섞는 방식으로 적발을 회피하고 있다.

국내 시멘트공장들은 코스모화학에서 나온 폐기물(부산물)인 황산철을 시멘트 제조 마지막 단계에 혼합한다. 황산철의 황은 시멘트 내의 발암물질 Cr^{6+}을 일시적으로 Cr^{3+}으로 전환시키는데, 그래서 환경부의 공장 내 제품을 조사할 때는 검출되지 않는 것이다.

하지만 시멘트에 황산철을 넣는다고 발암물질이 영구히 사라지는 것이 아니다. 아주 일시적으로 Cr^{3+}으로 전환되어 있다가, 다시 발암물질 Cr^{6+}으로 돌아와 국민들에게 피해를 준다. 이는 아세아시멘트공장 생산 담당자의 고백이기도 하다.

외국처럼 우리나라는 규제가 엄격하지 않기 때문이다.

다음은 우리나라와 일본의 폐기물 사용 기준에 대한 도표이다.

<표 3-27> 각국의 물질별 배출허용기준 적용 현황

	Dust	TOC	HCl	HF	SOx	NOx	NH₃	CO	Diox in	Cd	Tl	Hg	Sb	As	Pb	Cr	Co	Cu	Mn	Ni	V	Sn
국내 소각시설	O		O	O	O	O	O	O	O	O		O		O	O	O		O		O		
국내 소성로	O				O	O																
유럽연합	O	O	O	O	O			O	O	O		O	O	O	O	O	O	O	O	O		
오스트리아	O	O	O	O	O			O	O	O		O	O	O	O	O	O	O	O	O		
Walloon 지역	O	O	O	O	O			O	O	O	O	O	O	O	O	O	O	O	O	O		O
덴마크	O	O	O	O	O		O		O		O		O	O	O	O			O	O		
핀란드	O		O		O	O																
프랑스	O	O	O	O	O			O	O	O		O	O	O	O	O	O	O	O	O		O
독일	O	O	O	O	O			O		O		O	O	O	O	O	O	O	O	O		O
이탈리아	O	O	O	O	O	O		O	O	O		O	O	O	O	O	O	O	O	O		
룩셈부르크	O	O	O	O	O			O	O	O	O	O	O	O	O	O	O	O	O	O		
네덜란드	O	O	O	O	O			O	O	O		O	O	O	O	O	O	O	O	O		O
포르투갈	O	O	O	O	O			O	O	O		O	O	O	O	O	O	O	O	O		O
스웨덴	O	O	O	O	O			O		O		O	O	O	O	O	O	O	O	O		
영국	O	O	O	O	O			O	O	O		O	O	O	O	O	O	O	O	O		O
미국	O		O						O	O	O	O		O	O	O						
규제(안)	O		O	O	O	O			O			O	O	O	O			O		O		

각국의 물질별 매출허용기준 적용 현황[1]

2. 폐기물 사용기준

o 지정폐기물은 사용하지 말 것, 단, 회사 자체 발생 지정폐기물, 동식물유를 흡착·흡수한 폐흡착재·폐흡수제는 사용 제한 지정폐기물에서 제외

o 사용 폐기물에 대한 중금속 등의 함량 기준

(단위 : mg/kg)

구 분		Pb	Cu	Cd	As	Hg	Cl	저위발열량
대체 원료	철	< 1,000	< 3,000	< 60	< 500	< 2	-	-
	기타	< 150	< 800	< 50	< 50	< 2	-	-
대체연료		< 200	< 800	< 9	< 13	< 1.2	< 2%	> 4,500kcal/kg

廃棄物受入基準値		
成分項目		基準値
Al2O3	(%)	< 20.0
Fe2O3	(%)	< 5.0
S	(%)	< 1.8
MgO	(%)	< 1.0
P2O5	(%)	< 2.4
R2O	(%)	< 1.2
K2O	(%)	< 1.0
TiO2	(%)	< 1.5
MnO	(%)	< 0.5
Cl	(ppm)	< 1000
T-Cr	(ppm)	< 500
Ni	(ppm)	< 1000
Cu	(ppm)	< 1000

시멘트에 대한 일본과 우리나라의 폐기물 사용 기준[2]

일본 시멘트 공장의 폐기물 사용 기준은 염소(Cl) 1,000^{PPM} 이하인데, 한국은 그 20배인 2%(20,000^{PPM})다.

2   환경부

5. 유해 시멘트 문제의 구조적 해결 방안

    제일 중요한 것은 우리가 현재 많은 시간을 할애하고 있는 이 공간은 콘크리트 · 시멘트 · 석면과 아주 밀접한 연관이 있으므로 위의 내용처럼 유해성이 높기 때문에 위험하다는 인식을 먼저 가지고 살아야 한다.

    그리고 시멘트 원료성분 표시가 명확해야 한다. 곧, 이 문제는 환경부에서 시멘트에 대한 규제가 강화되어야지만 투명해질 것이다.

    가장 좋은 방안은 콘크리트가 아닌 목조를 이용하여 건물을 시공하는 것이다. 목조는 유해물질이 발생되지 않기 때문에 이상적이고 문제없이 지낼 수 있는 방법이다.

    그리고 시공할 때 신소재 시멘트를 사용하는 방법도 있다. 공기청정

시멘트로 직사광을 받으면 콘크리트 속의 유효 물질이 대기 중의 특정 오염물질을 '붙잡아' 이를 불활성 소금 물질로 변환시킨다. 광촉매콘크리트로 하이드록시 아파타이트의 강한 흡착력을 이용하여 빛이 존재하지 않는 환경에서도 유해가스 및 유해 유기물을 흡착하여 잡아 두고 빛이 존재하는 환경에서 이산화티탄의 광촉매 작용에 의해 유해가스 및 유해 유기물을 완전히 분해할 수 있게 한다.

콘크리트 건물에서 살아야 하는 경우에는 벽지·바닥·천장 등을 천연 마감재를 이용하여 시공함으로써 유해물질을 차단하는 것이 최선의 방법이다. 천연마감재의 경우 실내 공기 중 각종 유해물질을 효과적으로 흡착·분해하고 콘크리트의 직접적인 영향권에서 벗어나기 때문에 요즘에 많이 이용하고 있다.

천연 마감재로는 황토, 참숯, 백토, 규조토, 옥 등이 있다.

천연 마감재가 아닌 또 다른 방법 중 하나는 친환경 페인트 중 시멘트 독 제거가 가능한 제품을 이용하는 것이다.

:: 공기정화 능력이 뛰어난 나무산호수 ::
(아왜나무의 일종)

위의 모든 방법을 사용할 수 없을 경우에는 환기를 가능한 많이 해 줘야 한다. 10분마다 한 번씩 환기를 해 주게 되면 지금 이 순간 우리가 마시고 있는 발암물질의 농도를 낮출 수 있다. 환기가 어려울 경우 공기청정기 또는 공기정화식물을 이용하여 집 안의 발암물질 농도를 낮춰 주는 것이 중요하다.

PART
05

친환경 주거 단지

사람에게 건강을 선사하고, 생태 친화적인 친환경
주거단지에 적용되고 있는 최신 설계 건축 기술에 대
해 소개한다.

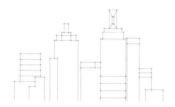

1. 친환경 주거단지, 친환경 주택의 중요성

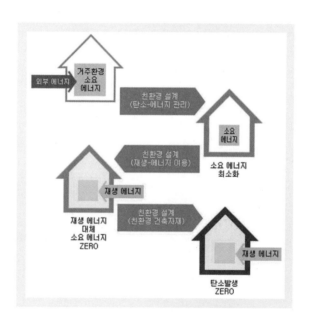

현대의 도시는 대량으로 사물이나 정보의 생산 · 유통 · 소비가 이
루어져 매우 편리한 공간이다. 그러나 풍부한 녹지를 콘크리트로 치환

한 탓에 대량의 폐기물을 만들어 내고 심각한 대기오염이나 수질오염을 초래한다.

  에너지 소비의 측면에서도 건축적 문제가 나타난다. 각 나라의 산업 형태에 따라 약간의 차이가 있지만, 전체 에너지 소비량의 25~35% 정도를 건축 부분이 소비하고 있으며 이산화탄소 배출량의 40~45%, 전체 산업 폐기량 중 20~50% 정도가 건축 산업으로 인해 발생하고 있다. 이에 따라 건축 산업과 건축 문화에 있어 환경에 대한 새로운 인식 개선이 요구되고 있다.

  특히 국내 건축 부분 총 에너지 소비량 중 75%는 주거용 건물 부분에서 소비되고 있다. 따라서 에너지 저감은 주거용 건물에서부터 시작되어야 하고, 주거용 건축 분야에서의 친환경 기술 적용이 매우 중요하게 인식되어야 한다.

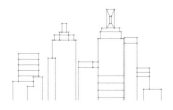

2. 건축 분야 친환경 기술

1) 에어플로우 윈도우 시스템

기존의 이중 외피 시스템(더블스킨)이 건축적 수법으로 두 겹의 외피와 사이에 중공층을 형성하여 자연적으로 축열되는 열을 활용하는 데 반해 에어플로우 윈도우 시스템은 중공층의 상부나 하부에 팬을 설치하여 인위적인 급기와 배기를 실시한다. 이로 인하여 중공층의 크기를 줄여서 시스템 효율성을 증가시킨 설비형 이중 외피를 특징으로 한다. 외피(대부분 창문 형태), 팬, 블라인드 등의 내부 차폐물로 구성되어 있으며, 실내 인테리어 등에 따라 간이형 에어플로우 윈도우 등 다양한 방식이 존재한다.

▶ 에어플로우 윈도우 시스템의 효과

에어플로우 윈도우 시스템 설치 시 실내 공기를 창호 하부에서 흡입하여 중공층 내에 흐르게 하여 별도의 열원을 필요로 하지 않아 연간 냉방 부하가 감소되고 에너지 절약에 기여한다. 그뿐만 아니라 드래프트 및 창면의 과열 방지를 통해 쾌적한 실내 환경을 확보할 수 있다.

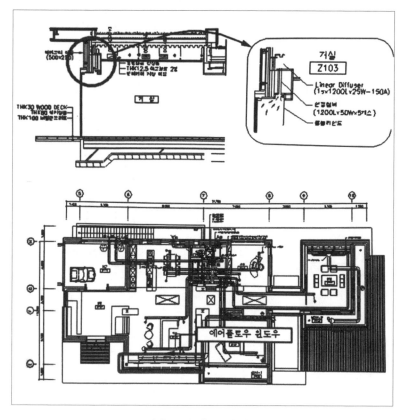

:: 에어플로우 윈도우 단면도 ::

▶ 기존 이중 외피와의 비교

기존 이중 외피(더블 스킨)	에어플로우 윈도우
– 중공층의 확보로 인해 바닥 면적상의 손실이 불가피 – 이중의 외피 및 중공층 공간 구축을 위해 초기 투자비 증대	– 팬을 이용한 유동 기류를 통해 중공층을 작게 하거나 없애면서 유사 성능 확보 가능
– 먼지나 계절에 따른 황사로 인해 외피 및 중공층의 오염이 될 수 있음	– 유지 보수성이 매우 높음, 기존 창호와 유사한 가시 성능을 확보 – 창면에서의 콜드 드래프트나 과열감을 감소

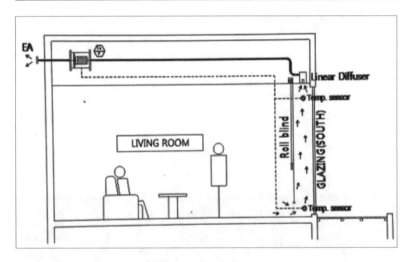

:: 에어플로우 윈도우의 개념도 ::

▶ 에어플로우 윈도우 시스템의 원리

더워진 공기(혹은 찬 공기)를 드래프트 현상을 줄이기 위해 천장의 라인 디퓨저로 흡입하면, 흡입 팬은 온도 센서에 의해 자동으로 작동한다. 이때 롤 블라인드는 거주자에 의해 수동 조절 가능하다.

냉방기는 상부 온도 센서에서의 온도가 29℃ 이상이 될 경우 팬을 기동하고, 온도가 28℃ 이하가 될 경우엔 팬을 정지시킨다. 그리고 난방기는 하부 온도 센서에서의 온도가 17℃ 이하가 될 경우 팬을 기동하며, 온도가 18℃ 이상이 될 경우엔 팬을 정지시킨다.

▶ 그린 투모로우 사례

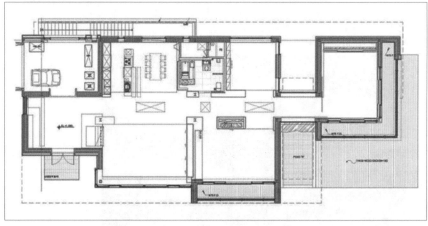

 1개 층으로 2개의 동으로 구성되며, 총면적은 676㎡이다. 제로 에
너지, 제로 Emission, Green IT 3가지로 구성되어 있다. 건물을 동서
로 길게 남향 배치하여 에너지 소비량을 최소화함과 동시에 옥상 조경
과 태양광, 태양열의 활용을 극대화한다. 여기에는 냉난방 및 환기시스
템, 신재생에너지, 전기, IT 등의 분야에서 68가지 기술이 적용된다.

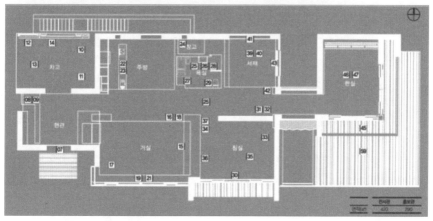

  에어플로우 윈도우는 거실 부분에 적용했으며, 이중 외피 시스템을
이용하여 외피의 효율을 높였다. 외피 면에 에어플로우 윈도우 시스템
을 도입해 외기에 영향을 받는 외주부의 냉난방부하를 줄이고 열 회수
형 장치를 통해 효율을 높이도록 계획했다.

2) 인공지반의 녹화

인공지반이란, 자연지반에서 공간적으로 분리된 상태에서 인위적으로 자연 지반의 조성 상태와 비슷한 재료적 여건과 형태적 여건을 조성해 인간의 적극적인 이용을 도모하는 공간을 말한다. 건축물, 토목구조물에 부대하고 있는 공간, 식물에 따라 불리한 생육 환경을 노정하고 있는 공간, 지금까지 그다지 녹화되어 있지 않은 공간, 새로운 기술을 이용하여 녹화가 가능한 공간이 주요 식재지가 된다.

도시 열섬화 현상을 완화하고, 도심부 냉난방 에너지 소모 감소 및 습도 조절에 효과적이다. 우수 일시 저장으로 인해 도시 홍수를 예방할 수 있으며, 대기를 정화함으로써 환경오염 저감 기능이 있다. 도시 녹화의 확대로 인한 녹지의 네트워크 형성도 가능해진다.

::
옥상 인공지반
녹화 적용 사진
::

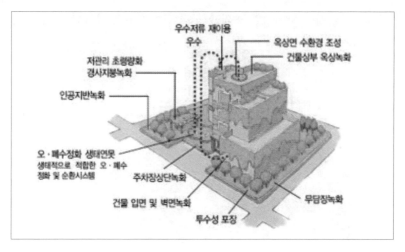

:: 옥상 인공지반 녹화 모식도 ::

▶ 인공지반의 녹화: 옥상, 인공지반상

① 조성형의 녹화

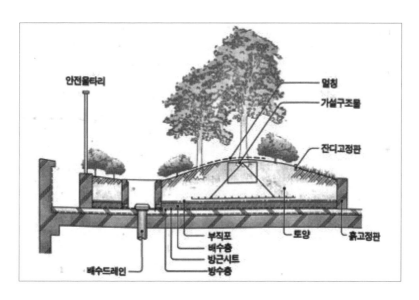

넓은 공간에서 항구적인 녹화를 도모하는 경우에 유효한 기법으로, 디자인의 자유도가 높고 지상부와 다르지 않은 녹화가 가능하다.

② 용기형의 녹화

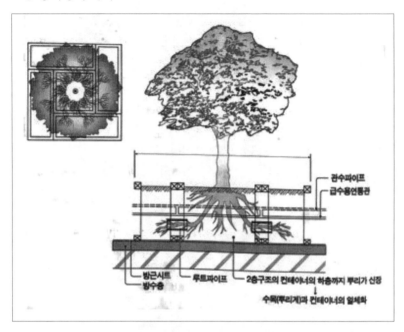

간이하게 녹화를 도모하는 경우에 유효한 기법이다.

③ 옥상 습생 화원 녹화

증발산에 의해 열을 발산시켜 온도 상승 억제 효과가 높다. 배수층이 없으므로 우수를 효율적으로 저류할 수 있으며, 관수를 위한 면적인 배관이 불필요하다.

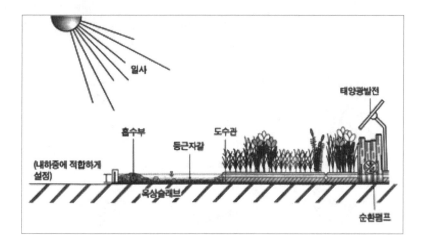

▶ 인공지반의 녹화: 벽면, 베란다

① 식물이 위로 올라가며 녹화하는 등반형

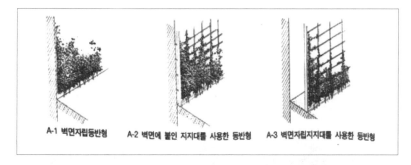

A-1 벽면자립등반형　　A-2 벽면에 붙인 지지대를 사용한 등반형　　A-3 벽면자립지지대를 사용한 등반형

② 식물이 벽면을 밑으로 드리우면서 녹화하는 하수형

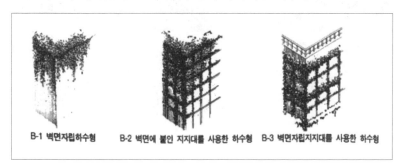

B-1 벽면자립하수형　　B-2 벽면에 붙인 지지대를 사용한 하수형　　B-3 벽면자립지지대를 사용한 하수형

③ 벽면의 전면에 식물을 배치하여 녹화하는 유형

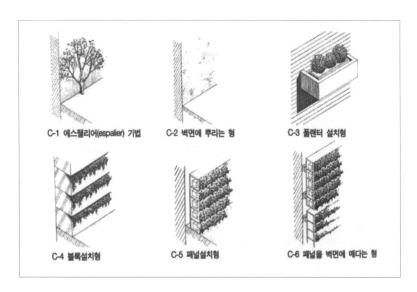

C-1 에스팰리어(espalier) 기법   C-2 벽면에 뿌리는 형   C-3 플랜터 설치형

C-4 블록설치형   C-5 패널설치형   C-6 패널을 벽면에 에다는 형

▶ 인공지반의 녹화 사례

① 국립중앙도서관 디지털도서관의 사례

서리풀 공원의 녹지 흐름과 도서관과 외부 산책로를 연결한 공원 속 열린 공간으로 조성되었다. 벽면 녹화 및 옥상 녹화를 계획하여 공원과 건축물의 유기적인 연계를 통해 친환경적이며 경관적으로도 우수한 공간으로 조성하였다.

② 힐스테이트 광교 주상복합 인공지반

최고층 49층, 지하 3층 규모의 아파트 6개동 928가구와 오피스텔 2개 동 172가구로 지어졌다. 총 대지면적 50,957㎡ 중 조경 면적이 25,852 ㎡로 녹지율이 약 50.73%에 이른다. 광교산과 원천 저수지가 만나는 지점으로서 자연요소가 주민들의 삶과 잘 어우러지는 주거단지를 조성 하였다.

3. 단지 분야 친환경 기술

1) 수생 비오톱(생태연못)

비오톱은 본래 그 지역에 사는 여러 가지 야생생물이 서식할 수 있는 공간이며 '생물의 서식 공간'으로 번역된다. 비오톱의 본고향인 독일에서는 공업화 등에 수반하여 환경오염이 심각한 사회문제로 대두된 1970년대 무렵부터 비오톱이 주목되었다. 우리나라에서도 「수질 및 생태계 보전에 관한 법률」(2009), 「자연환경 보전법」(2009), 「하천법」(2009) 등이 제정되어 자연을 복원 · 재생하기 위한 제도적인 토대가 마련되어 있다.

비오톱은 식물 · 곤충류 · 양서류 · 파충류 · 조류 등 야생 동식물이 서식 · 생육하는 공간을 유형화한 개념이다. 정리하자면 '특정 생물집단이 생존할 수 있는 특정한 환경의 조건을 구비한 균질성을 지닌

제한된 서식 공간'으로 정의할 수 있다.

 도시에서는 '수생 비오톱'이라 하여 도시화 · 산업화로 인해 사라지
거나 훼손된 자연습지를 대신하여 다양한 종들이 자생적으로 서식할 수
있도록 인공 습지를 조성할 수 있다. 즉, 모든 종의 생물들에게 필요한
서식 공간으로서 생태적으로 순환 체계를 유지할 수 있게 조성한 물이
있는 공간을 수생 비오톱이라 한다. 수생 비오톱의 구성 요소로는 물,
토양, 식생, 미생물, 동물 등이 있다.

:: 수생 비오톱의 단면도 ::

▶ 수생 비오톱의 구성 요소

구성요소	특징
물	– 식물군과 동물군의 구성을 조절함 – 야생동물의 먹이나 은신처, 서식처 역할을 함 – 생산성에 직접적인 영향을 미침
토양	– 습지의 환경에서 식물이 지탱할 수 있게 해 줌 – 화학물질들의 이동 매체의 역할 – 수중의 토양과는 달리 함수율이 높아 토양과 대기 간의 산소 교환에 중요한 역할
식생	– 곤충의 먹이 제공과 산란 및 부화장소, 흡밀원 등의 기능 – 조류에게 먹이를 제공하며, 둥지를 틀 수 있는 서식처 기능 – 비오톱이나 습지로 유입되는 오염물질을 식생대에 의해 제어하는 역할
미생물	– 유기물과 무기물을 분해하는 역할 – 토양과 침전물의 산화 상태, 환원 상태를 조절하여 영양 염류나 무기화합물, 유기화합물로 변환하거나 유지시킴
동물	– 물과 토양을 기반으로 미생물과 식생을 먹이로 하는 곤충류, 어류, 양서류, 조류, 포유류 등이 포함 – 습지 생태계의 안정적인 먹이사슬 구조 생성 및 유지 – 동물은 식물과 같이 중요한 학습의 소재가 되면서 이용자의 흥미를 생성

:: 춘천시청 수생 비오톱 정화 연못 ::   :: 충남도서관 수생 비오톱 ::

▶ 주거단지 내 수생 비오톱의 필요성

① 훼손된 서식처의 복원 및 생물 다양성의 증진
도시화로 인해 환경 파괴로 생물들이 살 수 있는 공간이 감소하고 있으며, 이로 인해 도시에서 생물들의 서식처를 복원하는 것이 중요한 과제로 제시되고 있다. 따라서 주거 단지 내의 수생 비오톱 조성은 훼손된 생물들의 서식처 복원과 함께 생물의 다양성을 증진시킬 수 있고, 결과적으로 단지 내 생태 환경을 향상시킬 수 있게 한다.

② 우수 저류 및 미기후 조절 가능
도로 포장 면적의 증가 때문에 빗물이 땅속으로 흡수되지 못해 비가 많이 오게 되면 일시적으로 많은 물이 하천으로 흘러가 홍수를 일으킨다. 반면 강수량이 줄어들면 지하수가 고갈되는 현상이 나타난다. 따라서 빗물을 저장하는 우수 저류 기능을 하는 수생 비오톱의 조성은 홍수 발생을 방지하고, 여름철에는 수생 비오톱의 수분 증발에 의한 기화열로 인해 주변 지역의 기온이 지나치게 상승하는 것을 방지하며, 겨울철에는 얼음의 잠열로 인해 주변 기온의 하강을 방지하는 효과를 줄 수 있다.

③ 환경 교육의 장 제공
주거 단지 내의 수생 비오톱 조성은 도시에서 부족한 생태 환경을 제공하고, 단지 내 거주 주민들과 학생들의 환경적인 교육의 장소로 이용될 수 있다.

:: 마곡 A13블록 공동주택 ::　　　　　:: 일본 도쿄 하수네 월드 아파트 ::

[수생, 육생 비오톱에는 곤충 및 조류, 식물이 어우러진 자연 그대로의 교육 공간 조성]

▶ 수생 비오톱의 설치 사례

::
부산 망미 주공 아파트
::

　부산 망미 주공 아파트는 자연의 지형을 최대한 살려서 설계된 아파트이다. 산을 깎아서 평평한 지면 위에 아파트를 설립한 것이 아니라, 구릉지의 경사면 지형을 활용하여 테라스형으로 계획하였다. 그리고 단지의 빗물을 모아 생태연못을 설치하였다.

테라스의 아래쪽에 지연형의 수생 비오톱을 계획하여 이곳이 단지 내 생태연못의 역할은 물론, 육상 생물에게 물을 공급해 주어 단지 내 생태 환경을 풍요롭게 하고 있다. 특히 생태연못은 사람들이 자주 왕래하지 않는 곳에 위치하여 답압으로 인해 생기는 생태계 교란을 최소화한다. 또한 기존의 구릉지를 일부 보전하여 육생 비오톱으로서의 기능도

할 수 있도록 하였다.

2) 우수 저류 시스템

지붕 · 옥상 · 베란다에서의 빗물을 탱크에 저류하여 우수 중 초기 수분 중의 오염된 우수를 제외하고 나머지의 우수는 수로관과 침전조, 우수통제시스템을 거쳐 우수 저류조로 이동하여 저장된다. 저류조에 저장된 물은 기계실을 통하여 폭포, 연못 등 다양한 수경 요소로 활용되고 필요시 조경 용수, 성태 저류지 유지관리 용수, 청소용수, 방화용수 등으로도 사용이 가능하다.

▶ 기술에 따른 장치 구분

① 우수통제시스템

초기 수분의 오염된 우수를 배제하고 비교적 수질이 양호한 우수를 1차로 정수 처리하기 위한 시스템으로, 우수 저류조에 침전물이나 부유물 등을 최소화하여 좀 더 양호한 수질의 우수를 활용하게 한다. 그리고 유수 저류조의 유지 관리 비용을 최소화해 준다.

② 친환경적 우수 저류조

P.E 재질의 우수 저류조로 재료의 재활용이 가능하여 친환경적이며,

조립식 구조로 자체적인 구조적 안정성과 공기의 단축, 시공의 용이성
등의 장점이 있다.

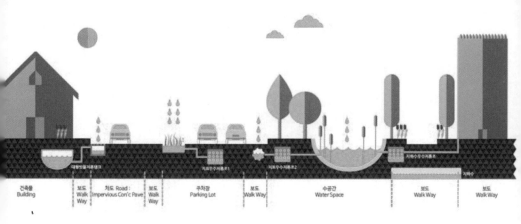

:: 우수 저류 시스템의 개념도 ::

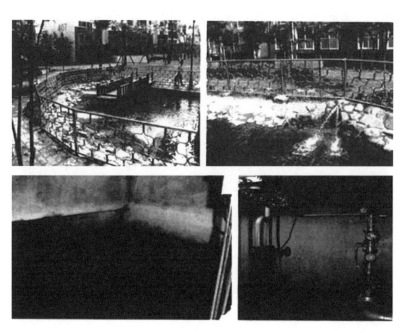

:: 원주 무실 지구 ::

▶ 우수 저류 시스템의 사례

2001년 11월 준공한 원주 무실지구 주공아파트는 730세대 규모의 단지이다. 단지 내의 중앙광장과 연계된 빗물 저류 연못은 상수와 우수를 수원으로 활용하며, 저류량은 80~90톤 정도 된다. 주로 잉어류가 서식하고 있으며 약 100여 마리 정도 서식하고 있다. 수질 개선을 위해 직경 40mm 리턴관을 통하여 1시간 간격으로 물을 순환시키고 있다.

'물이 있는 놀이터'의 지하에는 약 50톤 규모의 지하 저류조가 있으며, 펌프를 설치해 지하 저수조로 유입된 우수의 일부와 상수를 펌핑하여 여름철이면 물놀이 시설을 운행한다. 저수조로 유입되는 우수는 20mm의 관을 통해 유입되고, 지하 저수조에서 월류된 물은 지하주차장 배수구를 통해 배수정으로 유입되어 펌핑 과정을 통해 방류한다.

4. 친환경 건축기술에 대한 핵심 정리

▶ 건축 분야

태양열 및 태양광 에너지 같은 신재생 에너지를 이용

빗물을 재사용하여 수자원으로 이용

→ 화석연료를 이용하여 생산되던 에너지의 비중을 줄이고 신재생 에
너지가 화석 연료의 사용량을 커버하여 탄소배출량을 줄임

▶ 단지 분야

생태학적 소재나 재료를 사용하여 쾌적한 자연 환경 조성

→ 인간과 자연이 서로 친화하며 공생할 수 있음

→ 생태학적으로 건강하고 유기적으로 전체에 통합되는 인공 환경을
　구축

IoT를 활용한
스마트홈

스마트홈에 대한 개념과 현재 적용되고 있는 스마트

홈 기술에 대해 소개한다.

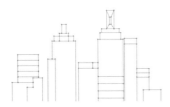

1. 스마트홈이란?

가전제품 · 보안기기 등 모든 사물들을 네트워크 통신망으로 연결하여 쉽게 제어하며, 사용자에게 편의를 제공하는 기술을 말한다.

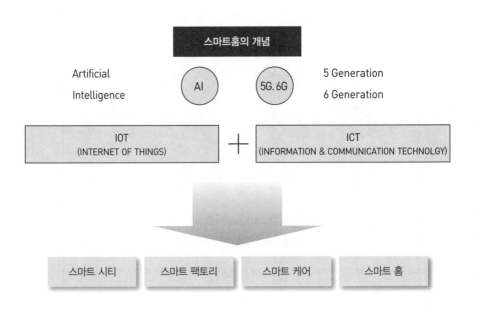

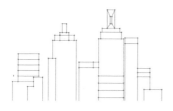

2. 철수 씨의 주말 속으로!

1) 오전 8시 기상

▶ 기분 좋은 아침을 위한 스마트 스피커

알람 & 날씨 체크
"미리 정해둔 기상시각에 알람이 울리며, 사용자에게 필요한 오늘의 날씨를 체크~"

무드등
"수면등, 독서등 이외에도 다양한 밝기와 컬러로 여러 상황에서 활용 가능~"

뮤직메이트
"카페에서 들으면 좋은 노래를 틀어줘~ 우울할 때 들으면 좋은 노래를 틀어줘"

뉴스 & 핫이슈
"매일매일 새롭게 쏟아지는 정보들을 누구보다 빠르게 접할 수 있게끔~"

단순한 음악 감상, 라디오 청취를 넘어 음성인식 기술, 클라우드, AI 기술을 활용하여 생각하고 관리하는 스마트 스피커를 말한다.

① 알람 & 날씨 체크

미리 정해 둔 기상 시각에 알람이 울리며 사용자에게 필요한 오늘의 날씨를 체크해 준다.

② 뮤직메이트

카페에서 들으면 좋은 노래, 우울할 때 들으면 좋은 노래 등 원하는 분위기에 어울리는 노래를 틀어 달라고 요청할 수 있다.

③ 무드등

수면등과 독서등 외에도 다양한 밝기와 컬러로 여러 상황에서 활용 가능하다.

④ 뉴스 & 핫이슈

매일매일 새롭게 쏟아지는 정보를 누구보다 빠르게 접할 수 있다.

2) 오전 11시 아침 요리

▶ 냉장고의 변신은 무죄, 스마트 냉장고

AI기반 개인맞춤 서비스

"가족 구성원의 목소리를 파악하여 개인 맞춤 서비스 제공~"

스마트 싱스

"세탁기, 청소기 뿐만 아니라 도어센서 등 스마트 기기까지 연결해 집안의 기기들을 제어 가능~"

홈 엔터테인먼트

"스마트 T, 스마트 폰과의 연결을 통해 다양한 콘텐츠를 즐길수 있는 공간으로 변신~"

현지 특화형 서비스

'다양한 기업들과 협약을 통해 수리, 유지 보 인근 마트나 매장에서 할인쿠폰 제공~"

① AI 기반 개인 맞춤 서비스

가족 구성원의 목소리를 구분해 개인 맞춤 서비스를 제공할 수 있다.

② 홈 엔터테인먼트

스마트 TV, 스마트 폰과의 연결을 통해 다양한 콘텐츠를 즐기는 공간으로 변신한다.

③ 스마트 싱스

세탁기 청소기뿐만 아니라 도어센서 등 스마트 기기까지 연결해 집안의 IoT 기기들을 제어할 수 있다.

④ 현지 특화형 서비스

다양한 기업들과의 협약을 통해 수리 · 유지 보수해 준다. 인근 마트나 매장에서 사용할 수 있는 할인쿠폰을 제공받는 등의 서비스도 이용할 수 있다.

▶ 스마트 홈 허브

사용자 명령을 인식하여 가정 내 기기들을 제어하며 실시간 날씨, 교통 정보 전달도 가능한 지능형 가상(AI) 비서를 말한다. 스마트 홈 허브를 실제로 활용한 기업으로는 아마존과 구글, 애플이 있다. 아마존의 에코(Echo)는 알렉사(Alexa)라는 음성인식엔진 기반의 홈 허브로, 사용자가 음성으로 명령을 내리는 새로운 방식의 스마트홈 User Interface를

제시한다. 인공지능 기술을 이미 보유하고 있는 구글은 자사의 음성인식(Google Assistant) 기반의 홈 허브 디바이스 'Google Home'을 출시하였다. 애플은 음성인식 Siri가 탑재된 모든 애플 디바이스(아이폰, 아이패드, 맥북 등)가 홈 허브 기능을 수행할 수 있다.

① 사물과 사물을 연결

다양한 사물들의 제각각 다른 통신표준들을 하나로 모아 주는 역할을 한다.

② 사물과 서비스를 연결

각 기기에서 수집되는 데이터들을 저장하며 이를 분석하여 발전된 새로운 서비스를 제공한다.

③ 서비스와 사람을 연결

터치 기반의 스마트폰이 아닌 이제는 음성인식 기반의 허브를 통해 소통 가능해진다.

3) 오후 2시 외출

▶ 무인 택배 시스템

외출 중에도 스마트폰을 사용하여 택배를 직접 관리할 수 있는 시스

Video Chat with Visitor & Remote Door Unlock

템을 말한다. 택배 기사가 초인종을 누르면 자동으로 스마트폰과 연결되며, 택배기사 신원을 확인 후 원격으로 택배함을 열어 물건을 보관 · 수령 가능하다. 이때, 택배함이 열리거나 닫히는 등 주요 상황은 스마트폰으로 실시간 알람이 전송된다.

▶ 홈 제어 시스템

스마트 기기(스마트폰)를 이용한 첨단 원격제어 기술을 말한다. 집 안의 에어컨, 난방, 가스 조명 등을 스마트폰 하나로 제어할 수 있다. 이 시스템을 활용하면 외부에서도 가스밸브를 잠갔는지 스마트폰을 통해 확인, 조절이 가능하다. 이뿐만 아니라 외부에서 스마트폰을 활용하여 보일러 온도 조절이 가능해, 추운 겨울 외출 시에도 스마트폰을 이용해 집 안의 온도를 조절할 수 있다.

SMART HOME

4) 오후 9시 샤워 타임

▶ 기분 좋은 샤워를 위한 스마트 조명

"불 좀 꺼줘는 이제 그만 누
워서 불끄고, 누워서 컨다~"

습도 감지 & 환기

"샤워시 습도가 높아지는 것
을 감지하며, 욕시 환기팬을
자동으로 ON~"

예약 타이머

"시간을 예약해서 원하는 시
간에 자동으로 불이 켜지고
꺼지게끔, 전기세 절약은 덤"

카운터센서

"인체가 출입이 감지되면 자
동으로 조명 ON, 밖으로 나
가면 자동으로 조명 OFF~"

① 원격 전원 제어

"불 좀 꺼 줘."라는 부탁은 이제 그만. 누워서 불 끄고 누워서 켠다.

② 예약 타이머

시간을 예약해서 원하는 시간에 자동으로 불이 켜지고 꺼지게끔 할 수 있다. 전기세 절약은 덤!

③ 습도 감지 & 환기

샤워 시 습도가 높아지는 것을 감지, 욕실 환기팬을 자동으로 켤 수 있다.

④ 카운터 센서

인체의 출입이 감지되면 자동으로 조명이 켜지고, 밖으로 나가면 자동으로 조명이 꺼진다.

5) 오후 10시 취침

▶ 스마트 베개

스마트 베개에 내장된 센서를 통해 수면 패턴을 인식, 분석을 통해 수면 환경을 개선하고 스마트 앱을 통해 수면 정보를 제공함으로써 최적의 수면 환경을 제공한다. 전자파 문제를 해결한 회로설계를 적용할 수

있다. 수면 동작이 기록되고 이
를 기초로 최적의 수면 사이클을
추천해 주며, 백색소음을 통해
주변의 잡음을 차단한다. 여러
종류의 네이처 사운드를 선택하
여 수면에 몰두하도록 도와주며,
사용자의 수면 상태를 분석하여
빛과 음악을 통해 사용자를 자연
스럽게 깨워 준다. 소리인식센서
가 내장되어 있어 코를 골면 부드
러운 진동을 통해 자연스럽게 자
세를 바꿔 주게 함으로써 코골이
도 멈추게 해 준다.

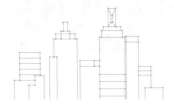

3. 미래의 스마트홈은?

▶ 요리 로봇

요리와 설거지를 하며 주방 설비와 일체화될 뿐 아니라, 세계 최고 요리사들의 손동작이 저장되어 있어 모든 요리를 재현할 수 있다.

▶ 스마트 윈도우

햇빛의 투과를 자동 조절하는 센서로 사계절 내내 실내 온도를 자동으로 유지한다.

▶ 스마트 미러

가상 이미지를 배경으로 옷과
액세서리를 가상으로 착용 가능
하며 , 얼굴 수분을 측정하여 화
장법을 알려 주는 기능이 있다.

참고 자료

도서

- 김상희 · 박수빈, 『도시와 주거문화』, 경남대학교출판부, 2001.

- 임만택, 『친환경 건축』, 보문당, 2011.

- ㈜삼우종합건축사사무소, 『친환경 제로에너지 주택 디자인 프로세스』, 시
  공문화사, 2011.

- 서승직, 『친환경을 고려한 건축설비계획』, 일진사, 2021.

인터넷

- 네이버 지식검색, 백과사전

- 야후 지식검색

- 엠파스 지식검색

- 엔싸이버 백과사전

- 한국산업안전보건공단

- 국립환경과학원

- 환경부

- 한국 그린인프라 저영향 개발 정보 포털

- http://lidinfo.hecsystem.com/lid/gi/giLidCenter.do